渡部昇一
日本への申し送り事項

死後21時間、復活のメッセージ

大川隆法
RYUHO OKAWA

まえがき

あの渡部昇一先生が、春の嵐とともに八十六歳で帰天《きてん》されるとは。先生が、九十五歳まで生涯現役で働かれることを、自分自身の目標にしようと、ここ一、二年考えていただけに、しばし、茫然《ぼうぜん》としてしまった。

この国は、国難の最中《さいちゅう》に、大きな宝を失ってしまったが、後に続く私たちが、何とかして重責《じゅうせき》をになってゆくしかあるまい。

渡部昇一先生の一生は、「学問が人を創る」ということを実証された人生でもあった。

「知的生活」の伝道師として、また「日本の誇りを取り戻せ」運動の旗手《きしゅ》として、先生の果たされた役割は、あまりにも大きかった。

私が初めて先生の謦咳《けいがい》に接したのは、三十五歳になった時だが、いつしか、私自身も、当時の先生の年齢《とし》になってしまった。
ガンジス河《がわ》の砂の数を数えているうちに、河の水が流れ去っていくのを感じる、今日、この頃である。

二〇一七年　四月十九日

幸福《こうふく》の科学《かがく》グループ創始者兼総裁《そうししゃけんそうさい》　大川隆法《おおかわりゅうほう》

渡部昇一　日本への申し送り事項　死後21時間、復活のメッセージ　目次

渡部昇一《わたなべしょういち》　日本への申し送り事項《じこう》
死後21時間、復活のメッセージ

二〇一七年四月十八日　収録
幸福の科学　特別説法堂《せっぽうどう》にて

12

日本の陽《ひ》は、また昇《のぼ》る　151

「霊言現象《れいげん》」とは、あの世の霊存在の言葉を語り下ろす現象のことをいう。これは高度な悟《さと》りを開いた者に特有のものであり、「霊媒現象《れいばい》」（トランス状態になって意識を失い、霊が一方的にしゃべる現象）とは異なる。

なお、「霊言」は、あくまでも霊人《れいじん》の意見であり、幸福の科学グループとしての見解と矛盾《むじゅん》する内容を含《ふく》む場合がある点、付記しておきたい。

渡部昇一《わたなべしょういち》　日本への申し送り事項《じこう》
死後21時間、復活のメッセージ

二〇一七年四月十八日　収録
幸福の科学　特別説法堂《せっぽうどう》にて

渡部昇一《わたなべしょういち》（一九三〇～二〇一七）

日本の英語学者、評論家。山形県鶴岡《つるおか》市生まれ。一九五五年、上智《じょうち》大学大学院修士課程修了《しゅうりょう》。ドイツのミュンスター大学、イギリスのオックスフォード大学に留学。上智大学教授を経《へ》て、二〇〇一年より上智大学名誉《めいよ》教授。専門の英語学のほか、保守系言論人として幅広《はばひろ》い評論活動を行う。『英文法史』『知的生活の方法』『発想法――リソースフル人間のすすめ』『ドイツ参謀《さんぼう》本部』『渡部昇一「日本の歴史」』（全七巻）『中国を永久に黙《だま》らせる100問100答』など、著作多数。

質問者　※質問順

綾織次郎《あやおりじろう》（幸福の科学常務理事 兼「ザ・リバティ」編集長 兼《けん》ＨＳＵ講師）

里村英一《さとむらえいいち》（幸福の科学専務理事〔広報・マーケティング企画《きかく》担当〕兼 ＨＳＵ講師）

釈量子《しゃくりょうこ》（幸福実現党党首）

［役職は収録時点のもの］

1　渡部昇一《わたなべしょういち》氏と幸福の科学の深い縁《えん》

「外出を控《ひか》えたほうがよい」と感じた日に帰天《きてん》された渡部昇一氏

大川隆法　突然《とつぜん》ではありますが、昨日《きのう》（二〇一七年四月十七日）の午後一時五十五分ごろ、渡部昇一《わたなべしょういち》先生が心不全《しんふぜん》で亡《な》くなったとのことです。

昨日は、天気が急に崩《くず》れてきて、日本列島が春の嵐《あらし》に包まれました。風と雨で、東京の桜もほとんど散ってしまったようなので、何か悪いことが起きる予兆なのかなと感じてはいたのです。

私も、渡部昇一さんが亡くなる少し前ぐらいの時刻に、「外出しようかな」と思ったのですが、「今日は一日、外に出ないでおとなしくしておれ」という感じを受けたので不思議だったのですが、一夜明けてみると、渡部昇一先生が亡くなられたということを聞きました。おそらく、日本霊界《れいかい》としても悲しんでいたのではないかと思います。

本来、お葬式《そうしき》は悲しいものではあるのですが、幸福の科学流では、「帰天式《きてんしき》」といって、明るい感じで執《と》り行《おこな》っていることも多いでしょう。要するに、天国に還《かえ》る方にとっては「ご卒業」ということではあるので、あまり悲しがってもいけないと考えているからです。

ミリオンセラー『知的生活の方法』は七回ぐらい読んだ

大川隆法　さて、渡部先生に関しては、四、五年ほど前に、「守護霊霊言《しゅごれいれいげん》」として、『渡部昇一流・潜在《せんざい》意識成功法』（幸福の科学出版刊）という本を出させていただきました。また、それ以外にも、幸福の科学関連では、いろいろなところでご指導等を頂いていたので、ご存じの方

『渡部昇一流・潜在《せんざい》意識成功法』
（幸福の科学出版刊）

は多いのではないでしょうか。

私個人としては、大学に入ってまもないころだったと思うのですが、渡部先生の本に出合っています。郷里の同窓生で、慶応《けいおう》の医学部に入った友人が私の下宿に訪ねてきて、まだ乏《とぼ》しい私の蔵書をザッと見て、「渡部昇一先生の『知的生活の方法』がない」と指摘《してき》し、「この本がないようでは、おまえは駄目《だめ》だ」という感じで〝怒《おこ》られ〟たのです。私は、「えっ、そんなに有名か？」と訊《き》いたのですが、その友人は、「ああ、有名だよ。ミリオンセラーじゃないか。読んでないようじゃ話にならん」というようなことを言っていました。それで、慌《あわ》てて読んだのを覚えています。

ただ、そのあとは繰《く》り返し七回ぐらいは読んだのではないでしょうか。おかげで、「知的生活のあり方」のようなものが身に染《し》み込《こ》んだように感じます。

また、その本は、若手の学者を相手にしたような内容だったと思うのですが、そうした学問的なものを志していた者にとっては、「勉強とは、このようにするものなのだな」という感じの導きにもなったと思っています。

さらに、『続・知的生活の方法』や『発想法』という本が出ていますが、最初のうちは、講談社現代新書として出ていました。ただ、その後は、ほかの出版社からも出し直していたかもしれません。

ちなみに、『発想法』という本も非常に参考になりました。「年を取っても種《たね》が尽《つ》きずに本を書ける人と、種が尽きて書けなくなる人がいる」ということを取り上げているのですが、種が尽きない秘訣《ひけつ》を明かしてくださっていたわけです。若いうちにそういうことを勉強していたのは、私にとっては非常にラッキーだったと思います。要するに、「体験型の人はすぐに種が尽きるけれども、よく勉強をした教養型の人は種が尽きない。また、専門分野を複数化しておいたら、なかなか種も尽きないし、語学というのも重要な発想の泉になるのだ」というわけです。

私は、書いてあったとおりに実践《じっせん》していったのですが、実際に、そのようになってきました。例えば、現在までに私は、説法《せっぽう》はこれが二千六百六回目ですし、著書も二千二百冊以上出しています。これは、やや出しすぎかもしれませんが、私の当面の目標としては、とりあえず三千冊ぐらいは考えています。

渡部先生は、「『発想法』は説いたけれども、そんなに書けとは言っていない」とおっしゃるかもしれませんが、私にとっては、そうした方法論を教えてくださったという意味でも、非常にありがたかったと思っています。

ほかにも、当会においては、私の知らないところでも、弟子《でし》たちがお世話になっていたのではないでしょうか。

還暦《かんれき》を迎《むか》えた有名評論家が三十五歳《さい》の私との対談を受けた驚《おどろ》き

大川隆法　私としては、集英社《しゅうえいしゃ》が創刊した「BART《バート》」という雑誌で、一九九一年の七月ごろに渡部先生と対談（『フランクリー・スピーキング』〔幸福の科学出版刊〕に所収）しているのですが、そのあと、同誌は廃刊《はいかん》になっています。
対談をしてくださった当時、渡部先生は六十一歳《さい》ぐらいで、私は三十五歳になったところだったと思います。六十一歳の方が、世に出てきたばかりの三十五歳の私などと対談してくださったわけです。その年、幸福の科学は、宗教法人格を取り、だんだん騒《さわ》ぎが大きくなっていき、週刊誌にも書かれたりはしていましたが、渡部先生は月刊「文藝春秋《ぶんげいしゅんじゅう》」のインタビューに出ていた私の記事を読んで、「この人、面白《おもしろ》いなあ」と思ってくださったようです。ありがたいことであると思っていました。

自分自身の感覚としても、かなりの碩学《せきがく》として有名な評論家の方が、還暦《かんれき》にして三十五歳ぐらいの者と対談してくださるというのは、なかなかできるものではないと思います。そうとう好奇心《こうきしん》があったのかもしれませんが、好奇心だけでなく、勇気もあるし、自分自身の評価に対して自信があるからできたことかとは思うのですけれども、非常に啓発《けいはつ》されるものはございました。

その後、私も年を取っても、「できるだけ若い人とも話をするようにしよう」と思ってやってはいるのですが、だいたい、自分よりずっと下の人とは、さほど話したくはないものではないでしょうか。実際問題、あれだけ勉強された方が六十一歳で三十五歳の人物と話をしても、自分のほうには得られるものがあまりないはずなのです。

ただ、常に新しいことというか、「若い人はどんなことを考えているか」といったことを知りたがっていたのではないかなと思います。

私としては、たいへん啓発されましたし、勉強になりました。また、まだまだ自分の勉強の足りないことを非常に感じることも多く、以後も長く勉強を続けるためのきっかけにはなりました。

その年は、三月ごろに●竹村健一《たけむらけんいち》先生が、「箱根《はこね》の仙石原《せんごくはら》に別荘《べっそう》があるので、そこへ一週間ぐらい泊《と》まり込みに来て、徹底《てってい》的に話をしないか」というような話もくださっていました。あの方も渡部先生と同《おな》い年ですから還暦ぐらいだったでしょうけれども、「『電波怪獣《かいじゅう》』といわれている方と一週間も話をしていたら、お尻《しり》の毛まで抜《ぬ》かれてしまうかもしれない。これは大変なことになる」と思って、そちらはお断りしたのですが（笑）。パトロンのような気持ちがおありで、マスコミのほうに出してやろうという思いをお持ちだったのではないかと思います。

●竹村健一（1930～）　評論家、ジャーナリスト、著述家。毎日新聞社の英字紙「英文毎日」の記者と併行して、著述活動やテレビ・ラジオ番組等への出演をスタート。テレビ番組「竹村健一の世相講談」等では、お茶の間に向けて世相を分かりやすく説明し、大反響を巻き起こした。著書多数。

そのときに機会を逃《のが》したので、竹村先生との直接対談はしていないのですが、渡部先生については、私も若いころからよく勉強していたので、「一回会ってみたいなあ」とは思っていました。

そして、実際に〝お手合わせ〟をしてみた感じとしては、やはり、たいへんな勉強をなされている方なので、「こちらが二十歳《はたち》ごろからまともな勉強を始めていたとしても、十五年程度の勉強では、とうてい、対談などできるような相手ではない。もっともっと深く潜《もぐ》って勉強しなければいけない」と、強く感じた次第《しだい》です。

私もようやくその年代に達しましたが、今、外部の雑誌で三十五歳の方と対談できるかと思うと、やはり、それほど簡単には引き受けないだろうという感じはします。それによって自分の格が上がることはあまりないでしょうから（笑）、そういう意味では、勇気を持って出てくださったと思っています。

知的な勉強の仕方や、言論においては、ときには勇気を持って正反対の意見を言わなければいけないことなどを、身をもって教えてくださったのではないでしょうか。

左翼《さよく》全盛期から数少ない「保守言論人の柱」だった渡部氏

大川隆法　また、私の学生時代から在家《ざいけ》時代、それから、教団を始めてしばらくの間、九一年ぐらいまでは、まだソ連が崩壊《ほうかい》しておらず、米ソ冷戦が続いていました。学生時代、それから社会人になったころも米ソが対立しており、「どちらが勝つか、どちらが正しいか分からない」というような状況《じょうきょう》だったのです。レーガン米大統領などが頑張《がんば》ってはいて、「軍拡をして、どこまでも戦うぞ」というような感じのことをやっていたころになります。

当時は、谷沢永一《たにざわえいいち》さんなどの言葉を借りれば、「保守の言論人が五人ぐらいしかいない。片手で数えられるぐらいしかいない」というようなときでした。そうしたなかで、こちらからは、『ソクラテスの霊言』（一九八六年発刊）という霊言集を出したのですが、そのなかにあるリンカンの霊言（現在は『大川隆法霊言全集 第10巻』〔宗教法人幸福の科学刊〕に所収）では、早々と、「神はアメリカのほうを愛し

●谷沢永一（1929 ～ 2011）　日本の評論家、書誌学者。関西大学文学部を卒業後、1969 年に同教授となるも、1991 年に定年より 9 年早く退職して名誉教授となる。読書家、蔵書家として知られ、保守の論客としても活躍した。

ておられる」というようなことを言われていました。それを読んだ読者から、「いや、神は平等でなければいけないのではないか」という感じの意見を手紙で頂いたことを覚えています。

ただ、その数年後にソ連は崩壊し、アメリカが二十世紀の後半としては唯一《ゆいいつ》の超《ちょう》大国になった時代が来て、「雪解《ゆきど》け」というか、ガサッと崩《くず》れてきた感じではありました。

ところが、ソ連が崩壊しても、中国のほうは鄧小平《とうしょうへい》型の経済の発展を目指したために崩れなかったのです。ゴルバチョフの失敗をよく見て、ペレストロイカ（改革）やグラスノスチ（情報公開）といった、そこまでの改革開放路線をやらないことにしたために崩壊しませんでした。そのため、日本においても、まだ左翼陣営《さよくじんえい》が長く残るような状況になったわけです。

そうしたなかで、渡部昇一先生は、保守の言論人の柱として頑張ってこられ、常に行くべき方向を教えてくださっていたように思います。

●日下公人（1930～）　評論家。多摩大学名誉教授。東京大学経済学部卒業後、日本長期信用銀行に入行、やがて経済企画庁に出向する。日本長期信用銀行取締役、ソフト化経済センター理事長、東京財団会長、日本財団特別顧問などを歴任。

他の保守系の先生がたもほとんど同年輩《ねんぱい》で、まだ頑張っていらっしゃる方もいますが、●日下公人《くさかきみんど》先生なども渡部昇一先生と同じぐらいの年齢《ねんれい》です。ただ、●岡崎久彦《おかざきひさひこ》さんは二〇一四年に、谷沢永一先生は二〇一一年に亡くなられるなど、次第しだいに他界される方が増えてきました。

そのため、私としては、身が引き締《し》まる思いというか、「まだまだ、言論界を二、三十年、引っ張っていかなければいけないいな」という気持ちを強く感じているところです。

最大の弔《とむら》いは「最後の言葉」をお伝えすること

大川隆法　渡部昇一先生については、みなさんもよくご存じの方でしょうから、ここであまり紹介《しょうかい》はしません。

まだ、亡くなって一日たっていないので、霊界の体験はそんなになく、肉体から抜け出して、あちこち見ているところだと思います。一日以内にこちらまで来てい

●岡崎久彦（1930 ～ 2014）　外交評論家・政治評論家。元外交官。東京大学法学部在学中に外交官試験に合格し、1952 年、中退して外務省へ入省。82 年に外務省調査企画部長、84 年に情報調査局長、駐サウジアラビア大使、88 年に駐タイ大使等を歴任。親米保守派の評論家の一人であった。

ただきましたが、以前、岡崎（久彦）さんも来られたし、みなさん来られるので、当然かとは思います。

幸福の科学式の〝帰天式〟として、霊言の発刊をもって代えさせていただきたいと思います。まことに申し訳ないのですが、故人の言葉を伝えることができれば、「お通夜《つや》」や「お葬式」としての十分な機能であるでしょう。特に〝弔《とむら》う〟必要はない方ですので、「最後の言葉」をお伝えすること自体が、最大の弔いになるのではないかと思っております。

先ほど、家内《かない》と少し掛《か》け合いをなさっていたのですが、「渡部先生、九十五歳まで生きるっておっしゃっていたのに、こんなに早く死んだら駄目じゃないですか」と言うと、「いやあ、すまん、すまん。でも、よかったじゃないですか。寝《ね》たきりで十年とかいうと、がっかりするでしょう。そういうのがなくて、『生涯現役《しょうがいげんえき》』を実践したから、その点、許してください」という感じの言い方をされていました。

家内としては、渡部先生が九十五歳ぐらいまで現役でやっているところを私に見せて、「あれを目標にして頑張るんですよ」と言いたかったようではあるので、多少残念がってはいました。確かに、去年（二〇一六年）の十一月にあった天皇の退位についての会議（天皇の公務の負担軽減等に関する有識者会議）にも出ておられたりしたし、今年も、新刊本も出しておられたと思うので、うらやましいことだと思います。

また、最期《さいご》の数日は調子が悪かったようですが、病院に行くこともなく、自宅で、心不全で亡くなられたということなので、昔で言えば、これは「自然死」や「老《ろう》衰《すい》」に当たる死に方でしょう。結構な最期ではないかと思われます。

それは、渡部先生が理想にされていた、ヒルティの最期に近かったかもしれません。ヒルティは、毎日、娘《むすめ》に連れられて湖のほとりを散歩していたようですが、ある日、帰ってきてから、「今日は疲《つか》れたから、ちょっと休む」という感じで休んでいたところ、そのまま息を引き取ったのではなかったでしょうか。それと似たような感じだったのではないかと思います。

●ヒルティ（1833 ～ 1909）　スイスの思想家、法学者、政治家。「スイスの聖人（聖者）」などと言われる。ハイデルベルク大学卒業後、弁護士を開業。ベルン大学の正教授になり、国法学や国際法を講義する。後年、代議士に選出され、陸軍の裁判長にも就任した。代表的著作に『幸福論』（全３巻）や『眠られぬ夜のために』（全２巻）がある。

あるいは、勝海舟《かつかいしゅう》なども、お風呂《ふろ》から出て廊下《ろうか》を何歩か歩いたところでパタッと倒《たお》れ、そのまま亡くなったようですが、それに近い感じで、渡部先生も完全燃焼されて還られたのでしょう。そのへんはよろしかったかなと、私は思っています。

今後、霊界でお勉強なされると思いますが、昔、当会の指導霊団にお入りいただくことをお約束しているので、勉強が進んだら、〝中間報告〟をしてくださるのではないでしょうか。

ただ、今日のところは、そちらの情報は大してないだろうと思うので、生前のお考えと大きくは変わっていないと思います。

帰天《きてん》直後の渡部昇一氏を招霊《しょうれい》し、「後世への申し送り事項《じこう》」を訊《き》く

大川隆法　さて、インタビューは成り立つのでしょうか。「死んだご感想は?」というのも、少し変な感じになるかもしれません。

里村　（笑）

大川隆法　また、もし〝明る過ぎ〟たらお許しいただきたいと思います。ご遺族の方などが気分を悪くされるようなことがあったら申し訳ないのですが、私たちは、「生」も「死」も生き通しのものだと考えているので、涙《なみだ》を流さないことについてはお許しいただきたいとは思っております。ただ、それは、生前からご存じだったと思うので、お許しいただけるのではないでしょうか。

実は、今日の私の服も、最初は黒い服を用意してくれていたのですが、当会の場合は「葬式」という感じでもないので、「そこまでやらなくてもいいのではないか」と考えたのです。ただ、あまり明るい色も問題があるでしょうから、中間ぐらいのもので出てきたのですが、そうしたら、釈さんと似たような感じになりました。

釈　（笑）

大川隆法　なお、総合本部で収録すると大勢の聴聞者《ちょうもんしゃ》が来るため、霊人《れいじん》にも念力《ねんりき》が要《い》ることになります。ただ、渡部先生は〝死にたて〟なので、まだそこまでは力がないのでしょう。「地味にやってくれて構わない」というご本人の意見もあって、（質問者にこちらへ）出向いてもらったわけです。そういうことで、よろしくお願いします。

質問者一同　はい。

大川隆法　もうすぐ二十一時間ぐらいになりますが、昨日亡くなられました、評論家であり、上智《じょうち》大学名誉《めいよ》教授の渡部昇一先生の霊をお呼びいたします。

死後一日たっていない、現在でのご感想、あるいは、残された人たち、後世の人たちへの申し送り事項《じこう》等がありましたら、お伺《うかが》い申し上げたいと思います。

よろしくお願い申し上げます。

（約五秒間の沈黙《ちんもく》）

2　死後21時間の渡部昇一氏の胸中とは

開口一番、「評論家の〝退位〟はあるのか」と冗談《じょうだん》を飛ばす

渡部昇一　（深々と礼をして）こんにちは。

質問者一同　こんにちは。

渡部昇一　いやあ、九十五まで、いちおう狙《ねら》ってはいたんだが。うーん……、私のほうが先に〝退位〟してしまうとは。評論家の〝退位〟っていうのは、あるのかなあ。知らないけども。

綾織　（笑）いえ、いえ。これからも、あの世からご活躍《かつやく》いただくと思いますので。

渡部昇一　まあ、たまにね、意見を言わせてね。

綾織　はい、ありがとうございます。

渡部昇一　なんか、〝曲がり角《かど》〟が来たらね。

里村　いやあ、ぜひぜひ。

渡部昇一　「朝日新聞に、『渡部昇一死去』って書いていないのは、けしからん」とかね。

綾織　ああ。そうですね。

渡部昇一　まあ、言いたいことがあれば言って。「産経は一面に載《の》ってるのに、何だ、差別するのか？　夕刊に小さく載せられるのか」っていうような感じかなあ。まあ、そのへんの言論の偏向《へんこう》を、キチッと、やっぱりね、メディア・リテラシー（メディア解読力）をかけて見ることが大事だなあ。

綾織　お亡《な》くなりになって、一日たたずしてご挨拶《あいさつ》にお出《い》でくださり、「ありがとうございます」と、まずは申し上げたいと思います。

渡部昇一　昨日《きのう》から待機していたみたいな感じで、なんかねえ、総裁の予定を全部空《あ》けて、じーっと待たせちゃって。「何が来るんだろう？」っていうような感じで。

綾織　あっ、そういう感じだったんですか。

渡部昇一　ミサイルが飛んでくるのか、渡部昇一が飛んでくるのか、なんか分からんけど。

綾織　（笑）

渡部昇一　とりあえず、仕事の予定は全部ストップになってたんですよ、昨日から。

綾織　さようでございますか。

渡部昇一　そこに〝私が出てしまった〟ということで。
私が出なければ、どうせ、金正恩《キムジョンウン》だとか、トランプさんとかが、またやって来ると思ったのかと思いますがねえ。

綾織　ああ、なるほど。

渡部氏と幸福の科学との交流を振《ふ》り返る

綾織　ところで、幸福の科学としましては、渡部昇一先生には、いろいろなかたちでご指導を頂きました。まずは、「本当にありがとうございました」と申し上げたいと思います。

里村　ありがとうございました。

渡部昇一　いや、いや、いや。もう、本当は、やや力足らずで。

綾織　いえいえ、とんでもないです。

渡部昇一　ほんとにねえ、ええ。

綾織　弊誌《へいし》「ザ・リバティ」（幸福の科学出版刊）のセミナーにも、ゲストとして来てくださいましたし、幸福実現党にも、さまざまなかたちでアドバイスを頂き、ありがとうございます。

釈　ありがとうございます。

渡部昇一　いやあ、美人だからねえ。

釈　（笑）

渡部昇一　美人だからね。やっぱり、年を取ったら、楽しみごとがあんまりないからねえ。美人の党首とか、いいよねえ。

綾織　（笑）渡部先生との思い出といたしましては、二〇一五年六月、宇都宮《うつのみや》市内で釈党首と「日本の誇《ほこ》り」について対談された際、釈党首と七海《ななみ》ひろこさんに両脇《りょうわき》を抱《かか》えられながら階段を上《のぼ》って登場されたことがありました。

渡部昇一　ああ、いいねえ。

綾織　何か、渡部先生が非常にうれしそうにされていたのをよく覚えています（笑）（会場笑）。

渡部昇一　それを、葬式《そうしき》のあれにしたら……、まあ、それだと奥《おく》さんは怒《おこ》るか。うん、まあ、そうだなあ。

生前、朝日新聞に「ごめんなさい」を言わせられなかった

釈　実は昨日、先生の郷里の鶴岡《つるおか》に行っておりまして。

渡部昇一　おお……。

釈　地元の新聞社の編集長と共に、先生のご容体《ようだい》を案じていたのですが、「まさか、こんな早く」という気持ちです。本当に日本中が悲しんでいます。

渡部昇一　いやあ、それは、もうねえ、「世代交代」ですよ。世代交代。粘《ねば》るつもりでいたけど、もう、次の世代が頑張《がんば》ろうとしてるから、早く引っ込《こ》まないとね、

申し訳ないからさあ。

綾織　とは言いましても、渡部昇一先生からあとの言論人というのは、まだまだ出てきていないところがあります。

渡部昇一　いや、いやあ……。あなたが活躍してるから、産経新聞もまだ大丈夫《だいじょうぶ》だよ（質問者の綾織は元産経新聞記者）。

綾織　産経新聞がいいかどうかは、ちょっとあれなんですけども（苦笑）。ただ、私どもも、何とか、渡部昇一先生のあとをついていけるように、頑張っていきたいと思っています。

渡部昇一　いやあ、力がなくてねえ。言論を言ってるんだけど、みんな、そんなに聞いてくれないのは、こっちも一緒《いっしょ》でね。なかなかそんなに、私なんかの意見に同調する人は少なくて。まあ、多少影響《えいきょう》を受ける人はいるんだけどねえ。うーん。朝日新聞に「ごめんなさい」を言わすことができなかったし、残念ながら。アハハ（笑）。

綾織　いえいえ。ただ、実質的には、慰安婦《いあんふ》問題にしても、ある意味、「渡部昇一先生に完全に負けてしまったという結果が出た」というのが、この数年の間のことかと思います。

渡部昇一　まあね。ただ、そうは言っても、まだ韓国《かんこく》では慰安婦像をつくって、粘っとるからさあ。まだ、ああいうのに依拠《いきょ》してやってるんだろうからさ。それは、完全にはやれなかったよなあ。

綾織　いえ、そんなことはないです。

渡部昇一　もう、君らにあとは頼《たの》んだよ、そのへんはなあ。

綾織　はい。ありがとうございます。

なぜ、田中角栄《たなかかくえい》やトランプなど、「生命力の強いリーダー」が望ましいのか

里村　現在の田中角栄《たなかかくえい》ブームにしても、やはり、ロッキード事件の裁判についての、渡部先生の鋭《するど》いご批評などがあればこそ、現在のブームがあるかと思います。

渡部昇一　角《かく》さんのもねえ、それは、ああいう叩《たた》き上げの人だからさ、ちょっとは悪いことぐらいはしてるだろうけど、物事の大小を見て、どっちかというと、ああいう人を認めてあげたほうが、日本人としては、今後、生きていく力が出てくるか

らね。

悪いところもちょっとはあるだろうけどさ、その学歴不足みたいなところを、寄ってたかってやる、あのマスコミ人たち、高学歴の人たちのほとんどは、左翼《さよく》に寄ってるもんね。左翼に寄った高学歴の人たちは、実際上、間違《まちが》ったことを言っているんだけど、自分らのほうが見識が高いと思って、バカにしてるようなところ？ああいうのは間違いでねえ。

そういう人たちは、同じように、例えば、トランプ大統領が出てきても、「あんな叩き上げの土建屋」と……、まあ、土建屋じゃないかもしれないけど、「不動産業者」と思ってるからさ。

綾織　はい、そうですね。

渡部昇一　「そんなのに政治ができるか」とか、「こんなので軍隊の指揮ができるか」みたいに思っているのと一緒だろうけど。いやあ、そういう生命力の強い方っていうのは、やっぱり、頼《たよ》りになるところもあるからねえ。そうしないと、「文弱《ぶんじゃく》の徒《と》」っていうかねえ、もう、活字だけで、答案を書いて認められるぐらいのことだけで指導者ができると思ってるような人は、やっぱり駄目《だめ》ですよ。やっぱり、実《じっ》践《せん》しないとね。

トランプさんの何が偉《えら》いったってさあ、そうは言ったって、トランプ・タワーを次々と建てて、ホテルも持って、自分のホテルで会合をやってるんだからさ、外国の要人と。これは強いよなあ。

綾織　はい。

渡部昇一　政府の借り物で、恐《おそ》る恐るやるんじゃなくて、自分のホテルで豪勢《ごうせい》にやっとるわねえ。

やっぱり、これは、そうは言ったって、昔で言やあ、こちらが国王だよな。自分で持ってるっていう感じのほうがねえ。だから、〝格が違う〟よねえ。

綾織　フロリダに別荘《べっそう》も持たれていて、日本の首相を招いたり、中国の国家主席も招くし。

渡部昇一　フロリダで習近平《しゅうきんぺい》を封《ふう》じ込めておいて、（シリアに）ミサイルを撃《う》つんだろう？

綾織　（笑）

渡部昇一　まあ、すごいじゃないですか。いやあ、やってみたいもんだなあ。ねえ？　自分の持ち物のなかでやってるの。習近平だって持ってないよ、そんなに立派なものは。人を呼べるほど立派なものは持ってないだろうから。そんなの持ったら、共産党の同志諸君から吊《つ》るし上げを受けるだろうからねえ。

里村　（笑）

渡部昇一　だから、「やっぱり、さすが、資本主義の本家は違うなあ」っていう感じを見せつけたのと違うかなあ。

死後21時間、霊界《れいかい》で渡部氏に会いに来た人たち

綾織　まだ一日たっていないのですけれども（笑）……。

渡部昇一　ああ、そうだ。あんまりしゃべっちゃ……。もうちょっと〝つらそう〟にしゃべらないと……。アアッ、アアッ、アッ、アッ（咳《せ》き込むまねをする）。「苦

しい」と言ったほうがいい。「苦しい」と言わないと。

綾織　（笑）いえ、いえ。非常にお元気そうなご様子で、安心いたしました。それで、一日たっていないなか、ご経験のところを少しだけお伺《うかが》いできればなと思うんですけれども。

渡部昇一　ああ、大した経験ないけどね（笑）。

綾織　〝お迎《むか》え〟と言っていいのか〝ご挨拶《あいさつ》〟と言っていいのかは分かりませんけれども、お会いになった方としては、どのような方がいらっしゃいましたでしょうか。

渡部昇一　まあ、それは、友達とか、そういう人は来てるわねえ。そらあ、評論家の先に死んだ方も来たし。

綾織　ああ。

渡部昇一　まあ、岡崎《おかざき》（久彦《ひさひこ》）さんとか……。

綾織　岡崎先生。

渡部昇一　谷沢永一《たにざわえいいち》さんとかね。

綾織　谷沢先生。

渡部昇一　まあ、そういう方も来てたけど、あなたがたが知らない、学界の知り合い等も来てくれてるし。

綾織　ああ、そうですか。

渡部昇一　まあ、いろいろ、みんな、いちおう来てくれたよ。

綾織　ああ、そうなんですね。

どのようなお言葉を交《か》わされたのでしょうか。

渡部昇一　いやあ、何か、「おまえ、長いこと〝留年〟しとったなあ」みたいな感じのなあ（笑）。

綾織　〝留年〟（笑）。

渡部昇一　うーん。「さっさと〝卒業〟して、こっち来いよ」みたいな感じで、まあ、口悪いよ、みんなねえ。

綾織　ああ、そうですか（笑）。

渡部昇一　だから、「あんまりこの世が長いっていうのは、それ、執着《しゅうちゃく》がある証拠《しょうこ》だよ」みたいな感じのことを言ってて。まあ、「『わしらが、もう早《はよ》せい』と言って、急《せ》かしてやったんだよ。喜んでくれ」っていう感じだね。

綾織　ああ。そういう〝お引き上げ〟があったわけですか？

渡部昇一　うーん。「そんなもん、何、粘っとるか」っていう。

綾織　（笑）

渡部昇一　「粘って、奥さんよりあとまで残ったら大変だぞ」っていう。

綾織　なるほど。

渡部昇一　「早く。もう何にもできないんだろう?」って言ってねえ。だから、「早く、さっさとこっち来なきゃ駄目だ」と。まあ、そんなことだったんで。

里村　ほお……。

渡部昇一　私は、「まだ、もうちょっと行けるかなあ」と思ったんだけどなあ。

まあ、だいたい、そういう、顔はけっこう知ってる人が多かったので、いろいろ話はしてはいたけど。朝、なんかねえ、新聞にちょっと載ってたりもしたので、幸福の科学のほうは「来るのかな」と、もう待ち構えてるような雰囲気《ふんいき》がちょっと漂《ただよ》ってたので……。

綾織　ああ、感じられましたか。

渡部昇一　大川総裁は、「自分のほうからは、渡部先生は呼ばない。向こうから訪ねてきたら、（霊言《れいげん》の収録を）やるけど、今、こっちから呼ぶのは失礼だから呼ばない」みたいなことを言ってたけど、「そう言われると、来なきゃいけないかなあ」っていう気もするからねえ。

綾織　ああ。ありがとうございます。

渡部昇一　やっぱり、一言《ひとこと》、ご挨拶しないといけないわな。

3　伝統宗教のトップと大川総裁は、どこが違《ちが》うか

死後一日以内の「復活」が『聖書《せいしょ》』と霊界《れいかい》の証明

渡部昇一　キリスト教会では、これ（霊言《れいげん》）、出せないからしょうがないよねえ。キリスト教会は「なんでそういうことを……」って言うだろうけど。まあ、公式には、そらあ、上智《じょうち》だからねえ、カトリック式でちょっとやらないといかんのだろうけども。

だけど、実際、死んだかどうかがよく分からない人たちにやってもらっても、特に効き目もないからねえ。

釈　先生は、ご生前、「オカルト」についてもずいぶん書かれていましたので。

渡部昇一　「オカルト」って言ったら機嫌《きげん》悪くなるから、あんたがた、あれなんだろう？　まあ、「カルト」って言ったらもっと悪い。だから、「オ」が付くと、ちょっとはお世辞が入ってる。「オカルト」。

綾織　（笑）カトリックの信仰《しんこう》をお持ちになっていて、「魂《たましい》もある。あの世もある。神様も存在する」ということは、もう生前からおっしゃっていたわけですが、改めて、今、「霊」というご存在になられて、どう感じられますか。

渡部昇一　いやあ、それは、もう「九十九パーセントはある」とは思ってましたけど、もちろんね。

綾織　あっ、はい。

渡部昇一　もちろんそうだけど、肉体を持っている身としては、そらあ、実際、死んでみないと分からないところは、最後はちょっとだけ、やっぱり残るわねえ。だから、もしそれが全部嘘《うそ》だったらねえ、大変なことになるから。ああ、そうか！　俺《おれ》でも役に立つのか、これ。そうかあ。一日以内に「復活」だよね？

綾織　はい。そうですね（笑）。

里村　「復活」ですね、これは。

渡部昇一　復活し、意見を言ったら……。なるほど。「キリストの復活はあった」っていうことになるんかなあ。

里村　はい。

渡部昇一　うん、なるほど。

里村　『聖書《せいしょ》』の証明でもあり、また霊界《れいかい》の証明でもあるんです。

渡部昇一　うん、うん。

なぜ、キリスト教は霊的《れいてき》なものをなかなか認めたがらないのか

渡部昇一　キリスト教会とかは、ちょっと心が狭《せま》いところがあってねえ、こういう「霊言《れいげん》」みたいなのをあんまり認めたがらない傾向《けいこう》はあるんだよ。というのは、ほとんどの神父《しんぷ》とか牧師《ぼくし》とかが、霊能力を持ってないからね。

だから、そういうのが出てくると、ちょっと扱《あつか》いにくくて困るから、いちおう〝商売敵《がたき》〟になっちゃうんだよね。下手《へた》したら、もっと人気が出てくるからさ。死んだ人と話ができる人とかを認めると、教会へ行かないで、そっちにみんな行っちゃうから。

結局、キリスト教のねえ、「二千年」とまでは言えないかもしらんけど、この二千年の大きな流れは、「いかにして、異端《いたん》と、いわゆる新宗教を出さないようにするか」っていう体制固めの歴史なんだよね。教会の歴史っていうのは、ほとんどそうなんですよ。ずーっと異端を出さないようにするっていうか。まあ、そういう意味で、イスラム教と、そんな大きくは変わらないんだけどね。

まあ、温厚なカトリックの人たちは、もうちょっと寛容《かんよう》さを持ってはいるんだけどね。

ただ、バチカンだって、実際は、霊能力とか、そういうものに対しては、すっごく厳格でしょ？

里村　はい。

渡部昇一　まあ、認めてはいるけどね。ごく一部、公認のものとか、「奇跡《きせき》で治った」とか、「病気が治った」とかね。

あるいは、エクソシストとか公認の人がいるから、完全に否定はしていないけど、いろいろ出てくるのを全部認めたら、ローマ教皇の権威《けんい》が、やっぱり、損《そこ》なわれるからねえ。

だから、実際は政治家なんだよね、ああいう「法王」とか言ってもね。政治家で外交をやってるわね。

里村　はい。

渡部昇一　霊的に、スピリチュアルな意味で悟《さと》りを開いているわけじゃないんで、政治家なんだよね。ある意味で政治家であり、まあ、教会なんかの経営手腕《しゅわん》が優《すぐ》れた人から選《よ》ってこられて、晩年になって、人気の高い人が選ばれているっていうことだな。

だからさ、「ローマ法王に謁見《えっけん》した」なんていう人のなかにも、あなたがたから見れば、邪教《じゃきょう》の教祖みたいな者もいっぱいいて、よく写真を使ったりしているでしょう？　ダライ・ラマもやられているけどね。

里村　はい、そうですね。

渡部昇一　そういうのをやっている。

ダライ・ラマもローマ法王も霊能力はないし、悟りを開いているわけじゃないから、利用されているよね。

だから、実際上は政治家だわね。政治家なので、このへんが分からない。

大川総裁の場合は、宗教家だけど政治的にも発言されているから、その意味で、神様・仏様のご意見を代弁されているとは思う。だけど、地上の宗教の権威者はそれが分からないので、あくまでも地上の学問と、みんなの意見みたいなものの総和で言ってるから、実質的には、なかなかマスコミの論調に勝てないところはあるんじゃないかなあと思うけどね。

4　大川総裁との対談の際に驚《おどろ》いたこと

話の〝土俵《どひょう》〟を対談相手に合わせようとした大川総裁

里村　二十六年前の一九九一年に、「ＢＡＲＴ《バート》」誌のほうから、大川総裁と渡部先生の対談をぜひお願いしたいという希望を頂きまして、実現したわけですけれども。

渡部昇一　うん。

里村　そのときも、けっこうマスコミ的には、「新しい宗教が出てきた」というような怪《あや》しい論調もあったのですが、渡部先生は、非常に快《こころよ》く対談に臨《のぞ》んでくださいました。

渡部昇一　うん、うん。

里村　確か当時は、幸福の科学の本部があった紀《き》尾《お》井《い》町《ちょう》ビルに、出張の帰りにそのままお出《い》でくださったと思うのですけれども。

渡部昇一　二時間ぐらい話したよなあ。

里村　はい、そうですね。

渡部昇一　写真家も有名な方だったけど。

大川隆法総裁と渡部昇一氏の対談が掲載された『フランクリー・スピーキング』（幸福の科学出版刊）と、その様子を撮影した口絵写真（集英社「BART」編集部提供、撮影：立木義浩）。

里村　徳島ご出身の写真家ですね。

渡部昇一　写真を撮《と》り終わって、あとは聴《き》き入っちゃって、ほんとにもう。写真家のほうが、（前に乗り出す姿勢を取りながら）こんなになって聴いていたのを覚えているわなあ。

里村　ええ（笑）。

渡部昇一　いやねえ、私を評価してくれる人は、だいたいみんな偉《えら》い人ですから、信じていいんですけど。

大川総裁は、先ほど、「若かった」というようなことを自分ではおっしゃっていたけども、いやあ、そうとも言えない部分はありましたよ。最初に、開口一番、「どういう土俵《どひょう》で話をしましょうか」というふうな感じで来られたんで、「ああ、すごい自信を持っているなあ」と思いましたよ。

だから、「自分の土俵では、渡部昇一は戦えないだろう」と思っていたから、「渡部昇一が戦える土俵はどのあたりか」ということで、「どのあたりに土俵を設定しましょうか」っていう感じで、まず来たので。こういう言われ方をしたのは初めてだったから。

当時、還暦《かんれき》といっても、みんな自分の言いたいことを言うし、〝自分の土俵〟でしか戦わないですよ。〝自分の土俵〟に引っ張り込《こ》もうとしてやるのが普通《ふつう》なので。だけど、そうじゃなかったね。三十五歳《さい》で、最初から、「どういう土俵でお話ししましょうか」っていう感じで言ってこられたので、「うわあ、なかなか宗教家でそう言える人は、めったにいるまいて」と。

普通は、自分のところ、例えば、「真言宗《しんごんしゅう》では」とか、「日蓮宗《にちれんしゅう》では」とか、そちらのほうへ話を持ってきて、こちらはよく分からずに、「はあ、はあ」と言って聞くしかないじゃないですか。

でも、そういうふうにしようとしなかったから。自分の土俵に引きずり込もうとしないで、私のほうが分かる範囲《はんい》の土俵で話をしようとなされたので。

先ほどおっしゃったけど、謙遜《けんそん》が過ぎますわ。「勉強していないので、まだまだだと思いました」って言ってたでしょう？　そんなことはない。私の書いたものとか、発言も全部読んでいるから、なるべくそちらに近いほうで話をしようとして、「渡部ごときでも理解できるぐらいの霊的《れいてき》な話をチョコチョコ挟《はさ》む」みたいな感じでやっておられるのが、実によく分かったので。

里村　ああ。

渡部昇一　こちらは「オカルト」と言ってたけど、ほんとに分かっとらんのは、よく知ってたから。この分かっとらんやつを啓蒙《けいもう》するのは、ちょっとなかなか難しかろうから、チョコチョコと「にをいがけ」をね。天理教《てんりきょう》の「にをいがけ」みたいに、

●にをいがけ（匂い掛け）　天理教における布教活動。花の香りやよい匂いが自然に広がって惹きつけるように、「信仰と教え」の匂い、信仰者の「喜びの心」の匂いを人々に掛けていくこととされている。

ちょっとだけ霊的な「にをいがけ」をして、こちらに少しだけ理解させようとしながら、だいたいは私の主張を裏付けて、応援《おうえん》してくださるような感じの言い方でやってたんで。

「けっこう老成してるなあ」っていうのが私の感想ですけどねえ。

対談後、谷沢永一《たにざわえいいち》氏が言っていたこと

釈　加えてお伺《うかが》いできればと思うのですが、その当時、渡部先生が六十一歳で、大川隆法総裁が三十五歳ということでした。そのあと、渡部先生は、ご帰天《きてん》なされるまでの二十五年間、大川総裁が教団を大きくされていく姿を、どのようにご覧になっていたのでしょうか。

渡部昇一　いやあ、私に対して意見を言う人と、幸福の科学に対して意見を言う人と、まあ、両方聞いてきましたけども。

私のほうは、宗教法人を認可されたばっかりの、その教祖と会うということに対して、一般《いっぱん》には、リスクがあると思われることが多かったと思う。だけど、その後、幸福の科学がずっと大きくなって、力を持った大教団になってくるのを見て、「あぁ、やっぱり、渡部昇一の目は肥えてるなあ」というか、「慧眼《けいがん》だなあ」ということをずいぶんいろんな人に言われて、それはうれしかった。

だから、「麻原彰晃《あさはらしょうこう》と対談しなくてよかったなあ」と、ほんと、つくづく思っています。それに出たら、もう「見る目がない」ということでしょう。

里村　はい。

渡部昇一　当時は、宗教はみんな同じような扱《あつか》いだったからね。だから、それはよかった。「それは慧眼だ」というふうにほめてもらったのもあるし。

あと、逆もあって、大川隆法さんが早々と、「評論家としては、渡部昇一ぐらいしか信じる人はいない」みたいな感じのことを言ってくれたのがね。あなたがたは、「マスコミとかは宗教の意見を聞かない」とか、「宗教家を信じない」とか言うけども、やっぱりそうは言っても、「宗教家は、人物鑑定眼《かんていがん》というのはあるものだ」と、みんな思っているから。

里村　ええ。

渡部昇一　その後、幸福の科学が発展して続いていく過程において、渡部昇一を、「ほかの評論家とは違《ちが》う」という感じで認めてくれたということに対しては、谷沢《たにざわ》永一《えいいち》先生とかも、「うーん、そこはすごいなあ」っていう感じで、「大川隆法、畏《おそ》るべし」と、やっぱり言ってはいましたから。「ほかの人は相手にしなかったか」って。渡部昇一だけで、あとは対談していないので、「畏るべしだなあ」っていうようなことは言ってくれたので。

里村　うーん、なるほど。

渡部昇一　まあ、そういう意味で、私はその後、箔《はく》が付いて、二十五、六年、活躍《かつやく》できたところもあるし。幸福の科学のほうも順調に成功なされて、保守のバックボーンみたいに、だんだんなってきてね。

幸福の科学という〝保守の大樹〟に護《まも》られた言論人たち

渡部昇一　近年では、もう、幸福の科学が、保守の大きな、何と言うかなあ……。よくあるじゃない？　生命保険の宣伝かなんかで、「大きな木」があってねえ？　アフリカか何かの、ダーンッと。その木の下に大勢の人が入れるような、あんな〝生命保険の木〟みたいな、〝保守の大樹〟みたいで。これに小鳥たちがみんなとまって、雨避《あまよ》けができるような感じにだんだんなってきて。

綾織　はい。

渡部昇一　幸福の科学があるので、けっこう自由に言論が言えるし、何かあったら、こう、〝弾圧《だんあつ》〟みたいなのを受けるときには、たいてい幸福の科学のほうから〝スカッドミサイル〟が飛んできて、バーンッと相手を撃《う》ち落としてくれるから。

綾織　（笑）

渡部昇一　そういう意味で、日下《くさか》さんなんかもそうだろうし、ほかの人もそうかもしらんけども、ある意味では護《まも》られてる感じもあったよ。

だから、私らは〝孤独《こどく》な老人〟で、一言居士《いちげんこじ》で、ただただ、朝日の悪口を言ったり、左翼《さよく》の批判ばっかりしてたら、いつも、「言論的に叩《たた》き伏《ふ》せてやろう」と狙《ねら》われてたけど。幸福の科学っていう、どんどん大きくなっていく宗教のほうから、保守思想が広がってはいったから。

綾織　はい。

渡部昇一　「いざというときは、幸福の科学に逃《に》げ込めば助けてもらえる」と、みんな思っとったから。

いや、あんたがたは、「お世話になった」と言ってくれるから。まあ、いい人たちだからそう言うけど、私たちからすると、幸福の科学と〝セコム契約《けいやく》〟を結んでるようなもので。

里村　いや（笑）。

渡部昇一　ときどき出入《でい》りしてセミナーをやってるとか、そういう関係を持っていれば、何かあったときには……。例えば、朝日系で〝袋叩《ふくろ》き〟に遭《あ》って、締《し》め上げられるとかね。出版させないように〝弾圧〟をかけられるとか、いろんなことがあることもあるので。あるいは、そうした勢力がウワーッと来て、家を囲んだり、授業をさせないようにしたこともあったけども。

そんなようなときになったら、いや、幸福の科学という組織もあるので、こちらも、「〝友軍〟として、いざというときは助けに来てくれる」っていう感じがあったから。もう、それはお互《たが》い様だから、一方的に、私のほうがおたくにサービスしたっていうわけじゃあない。

「大川隆法とかかわりを持った人はみな出世する」

里村　いやあ、もう、たいへんありがたいお言葉を賜《たまわ》ったんですけれども。

私も若いころ、書店で渡部先生の本をずっと探したことがありました。それで、ちょっと失礼なお話かもしれませんが、大川総裁とのご対談の後、書店の棚《たな》に並べられていた先生の本の数がグーッと増えていった感じがしたんです。もちろん、それまでも論客《ろんきゃく》ではいらっしゃいましたけれども、九〇年代からご活躍の幅《はば》がさらに広がったという印象を持っているんです。

そのあたりは、先生からご覧になっていかがでしょうか。

渡部昇一　いやあねえ、でも、「対談」として正式に本になっているのは、（会外の識者としては）私ぐらいだと思いますが。

里村　はい。

渡部昇一　あと、インタビューは幾《いく》つか受けていたとは思うんですが、まあ、〝福の神〟みたいな人でしてねえ、大川総裁とかかわりを持った人は、みんな偉くなったんですよ。

里村　ああ。

渡部昇一　みんな偉くなってるんでね。お会いになった方は、もう、「右」でも「左」でもみんな偉くなってるという感じなんで。取材しただけでも、みんな偉くなってると思いますよ。みんな出世してる。残らずですよ。みんな出世している。

まあ、私の考えと似ているのか、まねたのか、それはよく分からないけど、私も、敵だということがはっきりしてるところは攻撃《こうげき》しましたけども、普段はなるべく人をほめるようにはしていたんです。大川総裁も、対談したような人を悪くは言わない方で、基本的にはほめてくださるような方だったのでね。だから、対談すると、その相手が大きく見えてくるところがあったんでねえ。

そういう意味で、〝箔は付いた〟と、私は思ってますよ。

里村　はい。

渡部昇一　さっき、竹村健一《たけむらけんいち》先生の仙石原《せんごくはら》の別荘《べっそう》に一週間のお招きがあったっていうの、これ、行けばよかったのに。行ったら、テレビに出してくれて、「これが大川隆法さんです」と言って、やってくれただろうに。

ご本人は、「もう、一年もしたら、こちらのほうが有名になるかもしれないから、そういう恩義は受けないほうがいい」というふうにお考えになったみたいですが、このへんも、さすが教祖というか、自分を知ってるわなあ。「股《また》くぐりはしない」ということでしょう？　「パトロンは要《い》らない」っていう。はっきりしてるんだよね、パトロンは要らないということは。

5　日本人に遺《のこ》す言葉

「上皇《じょうこう》」や「院政《いんせい》」が非常によくない理由――天皇制の本質

綾織　本日は、ある意味、「最後のメッセージ」という面がありますので、ぜひですね……。

渡部昇一　ああ、最後か、そうか。そうか、最後か。うーん（咳払《せきばら》い）。

里村　まあ、最後というか、直近ですかね（笑）。

渡部昇一　なんか、最後の感じがするんだけど。

里村　最後ではなくて、まだまだ末永くご指導いただきたいと思うんですが。

渡部昇一　まあ、いちおう「死体」でまだ保存されてますから、まだ腐《くさ》ってないものので。ええ。

綾織　渡部先生は、ある意味、戦後における最大・最高レベルの保守系言論人として活躍《かつやく》された方ですので、ぜひ、日本人に遺《のこ》すお言葉をお伺《うかが》いしていきたいと思うのですけれども。

渡部昇一　うん、うん、うん、うん、うん。

綾織　歴史問題につきましても、渡部昇一先生が言論で戦って、ある程度動いてきました。ただ、憲法改正の問題等はまだまだ結論まで辿《たど》り着きません。

渡部昇一　そうだねえ。うん。難しいよねえ。

綾織　渡部先生は、この戦後体制を変えるという部分で非常に大きな役割を果たしてくださったわけですけれども、今後のことについて、残った者たちに対し、これはぜひという部分がありましたら、何かお言葉を頂ければと思います。

渡部昇一　まあ、最後は、「天皇のご退位の問題」でねえ、いちおう識者会議（天皇の公務の負担軽減等に関する有識者会議）みたいなものに私も呼ばれたんですが、転んで腕《うで》を痛めていたので包帯で吊《つ》っていて、ちょっと恥《は》ずかしい格好がテレビに流れたりしたんだけど（笑）。まあ、「上皇《じょうこう》」はないでしょう、やっぱり。

綾織　はい。

渡部昇一　だから、日本の歴史を勉強した人なら、「院政《いんせい》」っていうのはいいことがないのは、みんな知ってるんだけど、日本史をもう勉強しないのかなあ……。あのねえ、「院政」っていうのは、必ず悪い意味で使われるんですよ。「天に二日《にじつ》無し」と宗教では言うけどねえ、やっぱり、二人いたらいけないんですよ、象徴《しょうちょう》は。やっぱり、まずいんですよ。あのへんは、ちょっとまずいですねえ。

摂政《せっしょう》制度があるんだから、もう、年を取られて、お疲《つか》れになったら、それを（皇太子に）摂政でやってもらったらいいし、亡《な》くなったら（次の）天皇になれば、それで済むことですからね。

綾織　はい。

渡部昇一　上皇制度だとか、変な名前をいっぱいつくろうとしてるね、今。

里村　「皇嗣殿下《こうしでんか》」とかですね。

渡部昇一　もう、何だか怪《あや》しげな。人間の手でいろんなものがつくれるようなの、あんまりしないほうが……。

里村　はい。

渡部昇一　二千六百何十年と言われる、この歴史ある天皇制はね、やっぱり、変にいじらないほうがいいと思うよ。危ないと思うよ。法律でいくらでも変えられるとなると、これ、ほんとに、廃止《はいし》も、いつでもできることになる可能性があるので。いや、法律で廃止できちゃったら困るからね。ほんとねえ。

里村　はい。

渡部昇一　それは、女性の天皇を認めることだって法律でできるけど、それで結婚《けっこん》できなかったら、下手《へた》したら跡継《あとつ》ぎがいなくなることだってあるからね。

いやあ、なかなかそれは、「天皇になる女性と結婚できる人」って、それは今、難しいですよ。誰《だれ》が行くの？　それねえ。

綾織　うーん。

渡部昇一　「貴族制」があればね、選べるけど、いずれ結婚するとしたら、（相手は）庶民《しょみん》でしょう。ねえ？　皇室以外の華族《かぞく》も、ほとんど滅《ほろ》びてるようなもので、外側がもうないからね？

だから、基本的には、そのまま「四民平等《しみんびょうどう》」の価値観とは相容《あいい》れないものなので、やっぱり、「これは特別な宗教的な理由によって存続している」と考えなきゃいけない。

その宗教的な〝マントの部分〟を取ったら、いや、それは、「四民平等」、「民主主義」、「法治《ほうち》国家」の制度のなかでは、これ、生き残るのはかなり厳しいですよ。もう、危ないですよ、ほんとね。

「皇室のルーツは天照大神《あまてらすおおみかみ》にある」と言い続けることはなぜ大切か

釈　やはり、皇室のルーツが天照大神《あまてらすおおみかみ》にあるということなど、このあたりの宗教的なところが、現代の教育ではほとんど教えられることがないのですけれども、そういうなか、渡部先生の歴史の書籍《しょせき》などには「神話」のことについてもずいぶん言及《げんきゅう》があって、私たちもよく勉強させていただきました。

渡部昇一　ああ。大事なんじゃないかなあ。

だから、今の学問から行くとさあ、天照大神の墓《はか》か塚《つか》か何かを掘《ほ》り起こしてね、「これがその骨に違《ちが》いない」みたいな感じでやって、DNA鑑定《かんてい》してね？　もう、天照大神のDNAと現在の天皇のDNAに、その子孫《しそん》であるという一致《いっち》点があるかどうかぐらいなことでも確認しないかぎり、信憑《しんぴょう》性がないっていうような、たいていそんな感じでしょう？

もっとひどいのになると、「聖徳太子《しょうとくたいし》は実在しなかった」的なものもけっこう横行してきてるからさあ。危ない危ない。もう、ねえ。

聖徳太子関連の史料なんて、山のようにありますからね。

それも実在しなかったら、全部否定してくるんでしょう。いやねえ、それを大事にしないとね、「国の自尊心」っていうかねえ、「誇《ほこ》り」というかなあ、「国益」とかを考える、その原点がなくなる可能性があるから。

里村　はい。

渡部昇一　そして、メイフラワー号に乗ってイギリスから逃《のが》れてきたアメリカ人みたいに、「入れ墨《ずみ》を入れられてシナから流されてきた異端《いたん》の民《たみ》が日本のルーツだ」ぐらい言われかねないところがあるからね。

だから、いや、やっぱり、「神様がルーツであった」っていうのを言い続けないと、それはいかんと。これが日本を護《まも》ってるんだよ。

綾織　はい。

渡部昇一　これを取ったらねえ、いやあ、世界地図で、中国・ロシアの側から見たら、日本なんか、その出口を塞《ふさ》いでいる〝弓のようなちっちゃな島〟でしかないから。こんなもんなくてもいいぐらいで、ほんと、原爆《げんばく》でぶっ飛ばして、自由の海に出られるようにしたいと思うよな。そういう「逆地図」で見ればな。

制度的には「絶滅《ぜつめつ》寸前の危機」にある皇室の現状

綾織　今後、心配だと思われているのは、やはり、皇室の危機の部分なんでしょうか。

渡部昇一　うーん……、まあ、危ないと思うけど。マスコミや国民が、ああいうふうに、まあ、「お疲れなんでしょう。引退されていいでしょう」って、もう会社と同じだと思ってるから。「なんで皇室が今まで続いてきたか」の意味を理解はなさっていないようだし。

そういうマスコミと民主主義の考えで言うと、庶民は一夫一婦制だけど、皇室は途絶《とだ》えたら終わりになるから、そういうことには例外規定がありますけどね。だけど、それもたぶん、マスコミに批判されるからできないので、子供が生まれなかったら、そこで皇室は途絶えることになっている。もうこれは、極《きわ》めて危険な、パンダよりも危険な、トキよりも危険な、本当に〝絶滅《ぜつめつ》〟寸前の制度ですよ。

普通《ふつう》は、戦争に負けたらもう廃止されるのがほとんどで、現天皇は、そのときに生きていた方であるから、本当に、もう、天皇制の精神がなくなるかもしれないっていう感じですかねえ。うーん。

里村　重ねてお伺いしますけれども、その部分が、日本の独立自尊と非常につながっているがゆえに、やはり、大事な問題なわけですね。

渡部昇一　だから、民族としてのアイデンティティーというのは、とっても大事なことなんですよ。

イスラエルの民といったって、やっぱり、「そもそもの、イスラエルを建てたのも、神の意志によって選ばれし者として、ヘブライの民がモーセの『出《しゅつ》エジプト』

からあとに建国した」っていう歴史があるから、いまだにまだ頑張《がんば》ってるわけで。世界に散らばってねえ。「ディアスポラ」といって世界中に散らばってても、国をもう一回統合してやってるのは、そこにあるわけで。宗教的には、この〝束《たば》ね〟の部分のあれがなかったら、そんなのもう無理ですよ。世界中に散ったら、みんな、その国の人間になって終わりですから。この部分があるから、まだ、「ユダヤ人」という意識が残っているわけでね。

里村　ええ。

渡部昇一　だから、「日本人という意識がなくなる可能性がある」っていうことだね。

西洋の、明治以降の近代化もやったし、今回の敗戦も経験したけど、国がまだなくなっていないのは、その……。「神様によって創られた民族」という意識があるかぎりはなくならないんだけど、これがなくなったら、アメリカン・デモクラシーにも、中国の共産主義にも、北朝鮮《きたちょうせん》の主体《チュチェ》思想にも、何にでも染められる可能性はあるわなあ。

染められないようにするためには、やっぱり、何か一つの神話でもいいし、伝承でもいいし、素朴《そぼく》な信仰《しんこう》でもいいけど、そういう「民族を束ねるもの」を持ってなきゃいけないのよ。ここを大事にしないと。

今ねえ、警察もののねえ、刑事《デカ》の鑑定ばっかりやるからさ。鑑識課がどうのこうの言って、もうそればっかり、証拠《しょうこ》主義でやるから。そればっかりでやるからさあ。そんなので行くと、みんな否定していくんだけど、それは後世の後知恵《あとぢえ》だっていうことだわなあ。

これ（天皇制）は、世界に誇るべきものだからね。

6　なぜ、渡部氏は日本文化とキリスト教圏《けん》の両方に親和性があったのか

ドイツ留学の結果、神話と天皇制の大切さが分かった

里村　その関係で言いますと、戦後の、渡部先生の大きな功績として、「日本の再評価」があると思います。それを一般《いっぱん》の方に分かりやすく、『日本そして日本人』などの名著でもって示してくださいました。

また、教科書問題で韓国《かんこく》に対してとか、南京《ナンキン》問題で中国に対してとか、八〇年代という、日本人があまり朝鮮《ちょうせん》半島や中国大陸に危機感を持っていなかった時代から、渡部先生は、「そこに問題がある」と認識されていたのではないかと思います。そのあたりは、いかがでございましょうか。

渡部昇一　だから、キリスト教ということであれば、占領軍《せんりょう》の側の思想だからねえ。それで言えば、中共（中国共産党）を助けて日本を滅《ほろ》ぼしたわけだから、そちらの価値観に乗ってもいいわけだけど。

私には、キリスト教がバックボーンに一つあって、まあ、カトリックがあるんだけども、それにもかかわらず、日本神道《しんとう》のほうにもすごく関心がある。これは、ドイツに留学した結果、「神話とか天皇制とかは非常に大事なことだなあ」ということを知ったので。「民族の歴史に誇《ほこ》りがない国というのは滅びるんだ」ということが、よく分かったのでね。「これをやらなきゃいかんなあ」と思って。

まあ、日本神道のほうとキリスト教と両方、親近性のある思想を持っていて、自分でも、なんでそうなのか、よく分からなかったけど。大川先生と対談して初めて、「自分の魂《たましい》が、日本神道とキリスト教と、両方に生まれている」ということを聞いて、「ああ、なるほど。そういうことだったのか」ということが腑《ふ》に落ちて。

自分でも、「これでいいのかなあ」と思いながら、ちょっと、分裂《ぶんれつ》してるんだと思っていたけど、分裂しなくなった。「自分は両方に縁《えん》のある魂だったんだ」と思えば、これで、全然矛盾《むじゅん》がなくなったので、自分で、すごく楽になった。

里村　なるほど。

渡部昇一　それで、「新しい教え」としては、君らは幸福の科学の教えで、日本中、広がってもいいと思うんだけど、この天皇制の歴史自体を認めることで、やっぱり、「民族の誇り」と、統合が図《はか》れるからね。そこは否定しないほうがいいと思う。戦後、もしかしたら全部否定する可能性があったからね。それを見てきたので。

まあ、私は自分の言論が全部正しいとは思っていないけど、それは中国……、いや、中国と言ってはいけない。シナに生まれておれば、それは、向こうが言うようなことを言ったかもしれないし、コリアに生まれておれば、コリアの人が言うようなことを私だって言っていたかもしれない。それは、言う根拠《こんきょ》というか、言論は立てられるとは思うんだけど。

ただ、日本で生まれたら、日本人としての根拠に則《のっと》って言うべきことは言わないと。これがディベートのもとじゃないですか。「それぞれの立場に立って言うべきことを言って、打ち合わせて、どっちがより優位に立つか」っていう、それがフェアな議論じゃないですか。「片方は完全に言う資格なし。黙《だま》っておれ」と、一方的に言われるだけって、これはやっぱりおかしいじゃないですか。

まあ、ドイツもそれを経験したとは思うし、今も同じ経験をしてるけどね。

里村　はい。

日本人としてのプライドは残さなくてはいけない

渡部昇一　やっぱり、何とか日本人としてのプライドの部分を残さないといけないし。

まあ、戦後の、昭和天皇のご巡幸《じゅんこう》を見た人間の一人として、国民が天皇を慕《した》ってるということをよく知ってたので。これは、占領軍も見識を改めたところだけどね。彼らが戦争中のプロパガンダで言っていたのは、「裕仁《ひろひと》というのはヒットラーみたいなもので、悪魔《あくま》が神を名乗ってる」と、そう思って、やってたわけで。「猿《さる》の軍団を、悪魔が支配してる」ように思ってたのが、その天皇の「終戦の詔《みことのり》」で一気に戦いが終わって、あと、全国巡幸してもテロ事件も起きなかったのを見て、ちょっと見直したっていうか。「うわ、こんなことがあるのか」と。

アメリカなんか、選挙で正当に選ばれた大統領でも暗殺される国ですからねえ。それを、敗戦後とはいえ、日本刀もあれば、銃《じゅう》も隠《かく》し持っているかもしれない日本を、隅々《すみずみ》まで回られて、それでテロ事件も起きなかったっていうのは、これは考えられないことですので。

私は山形のほうで（天皇巡幸を）見ましたけど、警備なんかなかったですよ。ほんとにねえ、私ら子供が、ウワーッと土手を走って寄って行っても、別に何にもなかったから。お徳があったんだと思われるし。

だから、天皇陛下《へいか》がいたおかげで、今のあのイラクみたいな惨状《さんじょう》がなかったので。

たぶん、敗戦させても日本はその後うまくいったから、（アメリカは）イラクも日本みたいになると思っていて、イラク戦争をやったんだと思うけど。あんな惨状で、もう混沌《こんとん》になるとは思わなかったと思うからねえ。

7　本当のことを、言い続けよ

本当の世相を映《うつ》さないマスコミは間違《まちが》っている

綾織　まさに、日本の誇《ほこ》りを守っていく意味では、今、「北朝鮮《きたちょうせん》からのミサイルが、いつ、この東京に落ちてもおかしくない」という、緊迫《きんぱく》した状況《じょうきょう》が来ています。

渡部昇一　うん。うん、分かる。このときに（地上を）去らなきゃいけなかったのは残念ではあるが、天意として、「人間は、もう卒業せよ」、「もう神の一員になれ」、「八百万人も神様がいるんなら、一人ぐらい入れてもええ」と。そういうことなんじゃないかなと思うんだがなあ。

綾織　ああ、なるほど（笑）。その神のお一人として……。

渡部昇一　八百万もいたら、私だって、入ってもいいんじゃないかなあ。

綾織　（笑）日本の重要な神様のお一人として、今のタイミングで、日本人全体に、何らかの目覚めを持ってもらわないといけないなと思います。

渡部昇一　まあ、仕事は、大川隆法先生がなされるから、それで十分だと思うけど、幸福実現党は、二〇〇九年に旗揚《はたあ》げして、もう八年になるのか？

里村　はい。

渡部昇一　これに議席を取られないように、報道協定を結んでね、メジャーがみんな報道しないで、宗教政党を無視しようとしてずっとやってきたことを、私は、今回、大いに反省していただきたいと思っているので。

やっぱり、「正しいことを言っている者を認めない」っていうのはねえ、その心のなかに悪があるか、でなければ、卑怯《ひきょう》だよ。

卑怯なんだよ。「事実そのものを認めることができない」っていうのは、正義でもないし、良心でもないし、正しさを貫《つらぬ》いていると言えない状態だな。せいぜい、新聞に本の広告を載《の》せて、広告代金を徴収《ちょうしゅう》しながら、協力してやるっていうレベルでしょう。つまり、ちゃんと儲《もう》かってるんだよねえ。広告代金をもらって、「載せてやる」、「紙面の一部を貸してやる」っていう程度で。そういうレベルしかしなかったわな。

まあ、テレビに至っては、もっとひどかったかもしれないけども。やっぱりねえ、本当のこと、あるいは、「本当の世相を映《うつ》さないマスコミっていうのは間違《まちが》ってる」と、私は思うなあ。

正統な学問をした大川総裁が判断した保守言論の合理性

釈　渡部先生は、「知の巨人《きょじん》」と呼ばれて……。

渡部昇一　いや（苦笑）、それは間違いだ。巨人じゃないわ。〝ただの人〟です。

釈　いえ、大碩学《だいせきがく》でいらっしゃりながら……。

渡部昇一　いや、それは違うの。〝本屋〟なんですよ。個人で〝古本屋〟を営《いとな》んでいただけです。

釈　いえ、いえ、いえ。

渡部昇一　それはやめてください。私は、立花隆《たちばなたかし》みたいなことを言う気はないので。あれで「知の巨人」って言ったら、恥《は》ずかしくて。「やまいだれ」を必ず付けられるから、それは言わない。それは、私は。

釈　浩瀚《こうかん》な書籍《しょせき》を読まれながら研究している方のなかで、私たち幸福実現党、あるいは、幸福の科学グループの活動を正しいと見てくださる人もいれば、そうでない人もいらっしゃいます。

私は、いつも、渡部先生の出される書籍で取り上げる人物一人ひとりが、光の系譜《けいふ》のように感じながら、読ませていただいていました。誰《だれ》もが、「渡部先生が説かれる内容は、本当にそのとおりだな」と思うような言論を発していらっしゃったと思うのですが、先生の人物を見抜《みぬ》く筋《すじ》といいますか、このあたりはいかがでしょうか。

渡部昇一　最初に、大川先生のほうから説明があったと思うけどね。米ソの冷戦期には、「保守の言論人は片手で数えられる」って言われてて。まあ、そのとおりで、そのくらいしかいなかったですから。その後、増えたかどうかは知らんけど、やや、便乗してくる人は増えたとは思うけどね。

その片手で数える段階で、大川隆法総裁はだねえ、「渡部昇一型の政治の捉《とら》え方のなかに正しさがある」って、もう学生時代にそう見ていたらしくて。

大川総裁は、東大の法科のほうの、政治学科だからねえ。そういう方が、そう認めて言論を張っておられるんで。「普通《ふつう》の農家のおばさんに神がかかってきて、それを霊言《れいげん》し始めた」っていうのとは話が違いますからねえ。

要するに、正統な学問をキチッとやってる方が、政治学的に見ても、私たちの言い分には合理性が十分にあると判断した。その判断が、まあ、その後、旧ソ連が解体して、内情を見てみたら、私たちが言っていたとおりだったわけで。

朝日新聞的に言やあ、「理想の国、ソ連」だし、北朝鮮なんかは、「ハエ一匹《ぴき》、飛んでいない」っていうような感じで。

でも、それに騙《だま》されて、ハイジャックをやってねえ。「よど号事件」なんかで、連合赤軍《せきぐん》だか何かのやつらが、あっちに行って住んじゃって、帰ってこれなかった人もいるわけで。大いに後悔《こうかい》しただろう。たぶん、地獄《じごく》に行く前に、地獄の経験をしてると思うけど。

まあ、こういうふうにね、文章っていうのは嘘《うそ》をつくことがあるんで、一定のイデオロギーの下《もと》に全部、正しいという考えでやると、そうなるし。

例えば、毛沢東《もうたくとう》が死んだときだって、渡部昇一が死んだときよりはるかに大きな〝あれ〟で、「巨星墜《お》つ」っていう感じの評伝が、ダーンッと一面に載ってましたよねえ？

「そんな偉《えら》い人だったのか」っていうことで、大川隆法先生は、「こんなの、普通の人間ですな」、「本来、地獄に堕《お》ちても文句《もんく》は言えんところを、やや民《たみ》が慕《した》っている部分もあるので、普通の人間扱《あつか》いですな」っていうご判断のようであるので、ま

●よど号事件（よど号ハイジャック事件）　1970年3月31日、共産主義者同盟赤軍派が日航のボーイング727型機（よど号は愛称）をハイジャックし、北朝鮮に亡命した事件。

あ、中道《ちゅうどう》を得ているのかなあというふうには思いましたが。

いやあ、私たちも、勇気づけられたところはずいぶんあるわねえ。

一人でも戦った「ロッキード裁判」批判

綾織　「勇気」ということで言えば、渡部昇一先生には、周りの人、言論人、マスコミ、すべてが逆の方向を向いていても、たった一人でも戦うというところがあったと思います。例えば、教科書書き換《か》えの問題について、「それは本当ではないのではないか」と主張されていました。

それに、田中角栄《たなかかくえい》元首相の件もありましたが、「裁判の手続き上、実は、これは違憲《いけん》なのではないか」と、一人で言論を発されるということがありました。

渡部昇一　憲法上ね。

だからねえ、賢《かしこ》い人たちが、法律の勉強をして、一流大学を出て、司法試験に

●**教科書書き換えの問題**　1982年、「文部省が、高校用歴史教科書の検定で『華北へ侵略』を『華北に進出』と書き換えさせた」という誤報があり、それに基づいて、中国や韓国による激しい抗議があった。渡部昇一氏は、オピニオン誌「諸君！」に論文を掲載するなどして、書き換えが存在しないと訴えた。

受かって、法曹《ほうそう》になった方々がみんな、「角栄を有罪にしろ！」って叫《さけ》んでたけど、先に結論ありきで。

だけど、刑事《けいじ》事件では、最初から有罪っていうのはないんですよね。「推定無罪」で、証拠《しょうこ》が固まらないかぎりは、収監《しゅうかん》されていても無罪なんですよ、推定は。

それで、憲法上は、ちゃんと、適正手続として、刑事被告人《ひこくにん》には、反論の機会が与《あた》えられなければいけないんで。

だから、向こうで証言しているやつを呼んで、つまり、ロッキード社の、金を渡《わた》したとか言っとるやつをしょっぴいてきて証言させないかぎり、一国の総理で有罪にするのは、やっぱり、無理があるよ。いくらでも言えるからね。それを、手続きを無視して……。

まあ、ちゃんと正当な手続きを経《へ》なければ有罪にならないわけで、適正手続っていうことが定められてるんだから。私は法律の専門家でも何でもないけども、ちゃんと憲法に書いてあることだから。これを、裁判官が分からない、検察官も分から

●**推定無罪**　刑事裁判において、被告人は、証拠に基づいて有罪を宣告されるまで無罪と推定されるべきだということ。

ないっていうのは、おかしいよね。

綾織　はい。

これについては、憲法の学者も、刑法の学者も、分かってはいるのだけれども、それを発信しませんでした。

渡部昇一　感情が先に立っているよね。

8　人間的賢《かしこ》さとは何か

角栄《かくえい》裁判の本質は「学歴差別」

渡部昇一　だから、基本的に、大川先生と私の違《ちが》いはね、私の場合は、単に、「保守の側から左翼《さよく》を批判した」っていうだけではないんですよ。もう一つあったわけで、右と言われるのかもしらんけど、「右 対 左」だけの座標軸《じく》以外に、「高学歴と高学歴でない者」っていう、もう一つの座標軸があってですねえ。

だいたい、言論を張って許されるのは、東大、早稲田《わせだ》、慶応《けいおう》、京大、まあ、一橋《ひとつばし》も入れてもいいけど。そのへんぐらいまでは言論を張ってもいいけど、それから下は、「(そういう人に)ついてワアワア言うとれ」というぐらいのところだよ。

要するに、角栄《かくえい》裁判の本質はねえ、「学歴差別」なんですよ、ある意味では。「高等小学校卒で、日本の総理大臣になんかなるな」っていうことです。
でも、それが正しいならね、リンカンが大統領になったのだって間違ってるんですよ。アメリカでいちばん尊敬されている大統領はリンカンですよ。木こりをやりつつ、丸太小屋から、『聖書《せいしょ》』と『六法』だけを持って出てきた人ですので、田中《たなか》角栄よりも学歴は低いですよ、リンカンのほうが。それが、いちばん偉《えら》い大統領なんだから。民主主義の大もとの国では、こうなんだからね。

里村　はい。

渡部昇一　それを否定してるんだから、結局、「おまえなんか、その資格ない」って言っているのと一緒《いっしょ》でしょ。これがもう一つあったからね。
だから、私の言論を聞いても……、まあ、立花隆《たちばなたかし》さんも悪人じゃないかもしれないけども、東大の文Ⅱから文学部か何かは出てるけど、すごい学歴主義の方で、

「上智《じょうち》の文学部あたりが偉そうに言うな。ただの素人《しろうと》じゃないか。素人で、マークシートだって通らんようなレベルじゃないか」と。

まあ、今の上智はちょっと難しくなってるし、たまに、「一流大学」って言われることもあるけども、私らのころの上智っていうのは、それは、ずーっと低くて、大川先生のころでも、まだ一流大学ではなかった上智なんで。「そんなやつが言論を張るのは、もう百年早い」っていう感じがあって、これとの戦いがけっこうあったね。

学歴がなくても賢《かしこ》かった人、エリートでも賢くなかった人

綾織　これは、まさに、「知的鍛錬《たんれん》・知的生活」と「成功」との関係の部分なんですけれども、幸福の科学の教えのなかでも、そういう「読書からの成功」「読書から人格を形成し、成功していく」という考え方のなかには、渡部昇一先生からの影《えい》響《きょう》がかなり大きく入っています。

●**幸田露伴**（1867 ～ 1947）　明治から昭和初期の小説家、随筆家、考証家、俳人。1889 年に『露団々』で文壇に登場すると、『風流仏』『五重塔』などで作家としての地位を確立し、理想主義文学の担い手として近代文学の一時代を築いた。また、随筆や史伝においても、『努力論』『修省論』等、優れた作品を多数遺している。

この部分は、やはり、後世に遺《のこ》していかないといけない部分かなと思います。その点で、ご自身の人生を改めて振《ふ》り返って、「読書からの成功」「知的鍛錬からの成功」の部分のポイントについて教えていただけますでしょうか。

渡部昇一　だから、私が挙げてる人は、幸田露伴《こうだろはん》とか、内藤湖南《ないとうこなん》とかさ。そういう正統な学歴を経《へ》ないで知的巨人《きょじん》になった人を挙げてるけど。そういう例証を挙げながら、ある意味で、自分を擁護《ようご》しているわけではあって。やっぱり、それはねえ、一定の何十年もの間、一生懸命《いっしょうけんめい》勉強した人には、それだけのものがあるよね。

内藤湖南なんかも、大学も出ていないのに、京大の教授になるっていうので、当時の文部省が反対してなかなか認めなかった人だけども、やっぱり、実力はあったよね。幸田露伴だって似たようなものだけど、あれは、もう「百年に一人の知性」とか「頭脳」とか言われた人だよね。

だから、そういう人はいるわけで、アメリカにだっていっぱいいるんだよ、そん

●**内藤湖南**（1866～1934）　明治から昭和初期の東洋史学者。秋田師範学校卒。「大阪朝日新聞」「万朝報」などの記者として活躍した。のちに京都帝国大学教授になり東洋史講座の担任を務める。著書に『日本文化史研究』『支那史学史』などがある。

なの。一八〇〇年代、一九〇〇年代には、そういう賢《かしこ》い人で、ちゃんと正統な学歴を経《へ》ていなかった人は。それは、経済的な面とかいろんな面で環境《かんきょう》が悪くて、親が死んでたりして行けなかった人はいっぱいいるわね。

大川先生は、正統な学歴の上に登った人だけども、独立独行《どくりつどっこう》の人で、また、そうした教養主義の分かる方であって、さらに、私が言っている、「知識の知」じゃない、下に「日」がついてるほうの、「智慧《ちえ》のほうの智」だよね。これが分かる方であったので。マークシートで埋《う》める正確さを競《きそ》う知もあるけども、それじゃないものがあって、いわゆる、「人間として賢い」ってやつだね。「人間として賢い智慧は、どうか」っていう。

だから、私なんかも、亡《な》くなった母のことを……、ああ、私も亡くなったか。

里村　いやあ、はい（笑）。

渡部昇一　（笑）まあ、会いましたけど。母の話なんかもしてますが、そんな山形の田舎《いなか》の、学歴も教養もないおばさんですけど、「この戦争は負けるんじゃないか」とかやっぱり言ってたのをはっきり覚えてるし。「もうタイヤもないような、こんな」とか、「アメリカのタイヤと日本のタイヤが違う」とか、「自動車がいっぱい走ってるような国に勝てるんかねえ」みたいな感じのことを、はっきり言ってたけど。

これは賢いと思うんだけど、帝大《ていだい》卒の優秀《ゆうしゅう》な人たちが、これが分からないっていうことだから。あなたの郷里（新潟《にいがた》）の先輩《せんぱい》に当たるのかもしらんが、山本五十六《やまもといそろく》なんかはねえ、アメリカに留学までして、向こうの工業力を見てきているはずなのに。それが、あんな中途半端《ちゅうとはんぱ》な、「一、二年は暴《あば》れてみましょう。その後については責任は持てません」みたいなところで連合艦隊《かんたい》の司令官をやってるけど、実際にアメリカを本当に見てたら、工業力の差は分かったから、どうなるかぐらいは見えていたはずだけどねえ。

だから、先制攻撃《こうげき》で勝っても、あと、盛り返してくるぐらいのことはもう見えていた。日本からアメリカを攻撃できないからねえ。今の北朝鮮《きたちょうせん》が置かれてるのと同じ状態だよ。アメリカから攻撃は受けるけど（笑）、アメリカを攻撃なんかできるもんか。やってみたらいいわ。金正恩《キムジョンウン》の命があればね。できるわけないよ。まあ、それと同じなんだけど、実際、何か、夜郎自大《やろうじだい》になってるんでねえ。

まあ、ある意味で、先の大戦の反省も、私だって影響を受けてはいることはいるので。当時では、やっぱり、陸軍士官学校卒、海軍兵学校卒っていうのは、もう肉体も強くてねえ、頭もよくて、「東大に行くよりも難しい」っていうぐらいのエリートを集め、国費でやったのが負けたのを見て、「何か足りないものがあるんじゃないか」っていうような……。訓練によって得たあれではあるんだけど、人間的な賢さの部分がなかった。そのへんが大きかったんじゃないかねえ。

9　日本の行く末をどう見るか

「憲法九条改正」については吉田茂《よしだしげる》の失敗が大きかった

釈　その人間的な賢《かしこ》さを大事にされる渡部先生から見て、今の政治についてですけれども、例えば、渡部先生は、「原発の必要性」をはじめとする「エネルギーの問題」について、あるいは「憲法の問題」について、それから、『税高くして民滅《たみほろ》び、国亡《ほろ》ぶ』という本も出されましたが、「減税の大切さ」についても力強く訴《うった》えておられまして。

渡部昇一　うん。うん。

釈　そうした渡部先生がおっしゃっていたようなあたりを、今の自民党与党《よとう》が必ずしもガッツを持ってしっかりと打ち出していないなか、私《わたくし》ども幸福実現党は、八年間、必死に戦って訴えてまいりました。

このあたりは、どう見えておられるのか。また、この先どうなっていくのか。渡部先生の見方を少し教えていただければと思います。

渡部昇一　いやあ、法律は専門じゃないから、そう詳《くわ》しくは分からないですけどねえ。だから、私ら、保守の言論人のなかで、小室直樹《こむろなおき》先生とかが、多少参加してくださったあれだけど。東大の政治学の博士号、あっ、法学博士かな?

里村　はい。

渡部昇一　持っておられるんだけど。

あの人でも、「京大の数学科あたりから、阪大《はんだい》、それから、アメリカの大学を経由して、四十歳《さい》でまだ学生をやっていた」っていうぐらいの人なんで。東大の大学院に行って博士号を取られたけど、本筋《ほんすじ》ではないから。いちおう、小室先生に依拠《いきょ》して言っても、本筋でないけど。

大川先生のほうが、それは憲法とか、ちゃんと勉強なされてるから、そういう意味で、百万の援軍《えんぐん》を得たような気持ちはありましたけどねえ。

だから、「憲法改正」全体については、ちょっと長くなるし難しいから、あんまり言えないけど、特に大事なのは、「九条改正」のところはあっただろうとは思うし、今はもう「憲法改正」を言ってるような状態じゃなくなってるんじゃないですか（笑）。

だから、戦後まもないころに、そういう理想論、「平和的理想論」を説いたこと自体は分からんことはないけど、せいぜいもって十年だわね。十年したらやっぱり考え直さなきゃいけないし、マッカーサーがね、朝鮮《ちょうせん》戦争が起きて、「自分が間《ま》違《ちが》っていた」と認めて、「日本は再軍備を進めるべきだ」と言ったのに、吉田茂《よしだしげる》が、もう「タダほど安いものはない」っていうことで、経済に邁進《まいしん》して、金儲《かねもう》けに走って、再軍備のところを遅《おく》らせたところがあるわなあ。

それで（吉田茂が）地獄《じごく》に堕《お》ちてるのかどうか、私はよく知らないけども。会ってないから知らんけども、やっぱり、国としての誇《ほこ》りは、あのへんで取り戻《もど》すことはできたんではないかなあ。マッカーサーが言ってるんだから、そのときに、それに乗じたほうが簡単だったわなあ。だから、あそこの失敗は大きかったかなあ。

あとは、米軍との同盟を結ぶ以外に方法はなかったわなあ。

「トランプ革命」と「アベノミクス」が日本にもたらしたもの

渡部昇一　だけど、トランプさんが出て、「日本は軍隊を持って、自分の国を護《まも》るのは当然だ」っていう考えを彼は基本的に持ってるから、これで、体制変えのチャンスになってるんじゃないかなあと思う。

まあ、アベノミクスも、基本的に、幸福の科学が……、ああ、幸福実現党が言ったことと同じようなことをやろうとしたけど、消費税上げをしちゃったよね。これは「上げるな」と言ってたと思うんだけどねえ。それで、もう結局、失敗したんだろう？

だけど、「失敗した」って言わないじゃない。もう、マスコミは全然言わないじゃない。ねえ？

里村　はい。

渡部昇一　「景気は、いまだ回復しない」とか、「緩《ゆる》やかに回復している」だとか言って、「失敗した」と言わないじゃない。

なんでかって言ったら、このへんは安倍《あべ》さんは交友がうまいからね。社長らと夕食会を重ねてるから、ずっとねえ。そう書かせないために、テレビ局や新聞社の社長さんたちと、ご飯《はん》を食べて食べてしている。ご飯を食べるとねえ、三カ月ぐらいもつんだよ、一回食べると。

里村　（笑）

渡部昇一　そのあたりで切れるからね。そしたら、また〝次のガソリン〟を入れに行く。だから、まめに飯《めし》を一緒《いっしょ》に食ってるよな。

まあ、そういうところだけど、あんたがたのほうが正しかったんじゃないの？　それを言わないのが……、まあ、このへんがねえ、官房《かんぼう》機密費の使い方だよ。十五、六億か何か、十八億か知らんけど、持ってるんだろう？　だから、そのへんはあるわなあ。

大川先生の強みは、「法律も政治も経済も分かる。経営も分かる」っていう。このへんは、すごい強みだよね。

だから、「トランプ革命」をいち早く見抜《みぬ》いたのは、分かったんでしょう？　トランプっていう人がどういう人かが。日本の政治家には分からない。官僚《かんりょう》にもまったく分からなかった。実業をやってる人の目が分からないので。
だから、「政治家経験がないから、軍事だってできない」みたいなこと言うけどね、そんなことはないよ（笑）。やっぱり、「交渉《こうしょう》の達人」っていうのは、「軍事」をやらせたって、ちゃんとできるものなので。よかったと思う。日本にとっては、たぶん、よかったと思うがね。
だから、これからあとは、私は、もう「〝手もなし、足もなし〟。まもなく、骨だけになるか、灰だけになる存在」なんで。

里村　いえ、いえ。

渡部昇一　もう、君たちにやってもらうしかないけどねえ。

努力によって道が開けていった学生時代

里村　渡部先生から後事《こうじ》を託《たく》された私たちとして、この機会に、ぜひ、渡部先生にお伺《うかが》いしたいことがございます。

渡部昇一　ええ。

里村　先ほど、少し、幸田露伴《こうだろはん》先生のお名前が出ましたけれども、十数年前に一度、私から渡部先生にインタビューをさせていただいたときにも、『努力論』について、お話を賜《たまわ》りました。

そのときに、渡部先生は、本当に心の底から、「努力は楽しい。努力が好きだ」とおっしゃっていたのです。それで、「努力は大変なことですが、なぜ好きなのですか」とお訊《き》きしたところ、「好きだから好きとしか言えない」という趣旨《しゅし》のお答えを頂きまして、ある意味で、非常にカルチャーショックを受けたことがありました。

この、「努力は大変なことではなくて、素晴《すば》らしいことだ。実は、努力が幸福なんだ」というような考え方は、いったい、どういうところから出てくる哲学《てつがく》なのでしょうか。

渡部昇一　うーん、だから、育ったときはねえ、まだ田舎《いなか》でも、そう貧乏《びんぼう》だったとは思ってはいないんだけど、だんだん没落《ぼつらく》して。大学には入ったものの、実家が没落してしまって、学費がなくなったので、いわゆる、優等生、特待生になって学費免除《めんじょ》を目指す以外に方法がないっていうかね。アルバイトだけで卒業するのは、私立ではちょっと無理な状況《じょうきょう》だったので、大学時代は、特待生を目指して猛《もう》勉強をやってて、ちょっと社交性もないし、まあ、品性もなかったと思うんだけど。

今なら、「上智《じょうち》大学で一番だった」っていったら、それでもう、女性なら「才媛《さいえん》」

と言われるかなあ? まあ、男性は、そこまで言われるかどうか、賢いと言われるかどうかは知らんけども。

昔の上智大学は塾《じゅく》みたいな学校だったから、大したことはないんだけども、まあ、そうだろうねえ。上の大学を出ている人、一流大学を出ているって言われる人から見りゃあ、上智のトップなんていうのは、そんなもん、もう、水たまりのなかの世界っていうか、「水たまりのなかで、オタマジャクシが泳いで速かった」ぐらいにしか見てないだろうとは思うけど、それでも、勉強できたことで、学費免除の特権を得られた。

着るものが汚《きたな》くて、社交性がなかったから、学部では、私より成績の悪い人がアメリカ留学を許されたりしたけど、大学院に行ってから、第一言語ではなくて、学部で週一回しかやってなかったドイツ語なのに、ドイツ留学の話があって、それで、運よく、それに乗っかることができて、行けたっていうようなことがあった。

フェアに評価してくれたドイツと、そうではなかった日本

渡部昇一　ドイツでは、英文法論を書いたら、それが向こうで出版されるっていう、まれに見るような、日本人では初めてのことを挙げて。

もう、底辺……、底辺とは言わないかもしらんけど、東京では「一流」とは思われなかった上智大の卒業生が、修士卒で（ドイツに）行って、それで、ドイツ語の博士論文を本にして、ドイツで出版した。そういう英文法史を出したっていうのは、日本人としては快挙で、ちょっと、ほかに前例がないことではあったんです。

向こうのドイツの人は、非常にフェアに認めてくれて。やっぱり、学力があって、言うべきことの核《かく》が、キチッと正しいものであれば認めてくれた。どうせ、日本の大学なんて、ドイツから見りゃ、みんな〝二流〟だと思ってただろうから（笑）、逆に、日本と全然違って、「なんでこんなによくできるやつが日本から来たんだ」みたいな感じの言い方でね。

私は、学部時代は英文科だったから、ドイツ語は、もう本当に週一しかやってなかったし、大学院ではやってもいなくて、自分でちょっとかじっていたぐらいだった。だから、英語の力を利用して、「英語とドイツ語も同根だから、ドイツ語から英語が出来てきている」と見て、英語で考えて論文を書いた。日本語から訳さなかったので、早く仕上がって、それで出版もさせてくれた。

でも、日本に帰ってきたら、そのドイツで出版された日本人の本を、出してくれないんです。一流の出版社は、「東大か、せいぜい東京外大ぐらいは卒業していないと、権威《けんい》がないから、英文法の本なんて出せません」と、こう来るんで、非常に嫌《いや》な思いをしたのを覚えています。そういう差別に悩《なや》みましたのでね。

里村　はい。

渡部昇一　やっぱり、知的努力を……、何て言うか、そういうものを取っ払《ぱら》って、ちゃんと正確に見る目を持っている外国人のほうはフェアだったけど、日本人のほうが、そんなにフェアではなかったなあという感じはしますねえ。

学歴だけですべてを判定したがる日本のカルチャーの問題点

渡部昇一　そういう実体験として、「世界的にちゃんと評価されるぐらいの努力はして、認められた」という実感があったので、国内で認められないっていうことは、やっぱり、日本人の意識が変形してるんだっていうことでしょう。日本人的なインテリジェンス（知性）は、大学入学レベルのところのアチーブメント（到達度《とうたつ》）で、「人間の頭は生まれつき決まっている」みたいな考え方で、考えている人が多い。だけど、その後、出てくる人はいる。人生は長いからね。その後の勉強で、やっぱり、出てくる人はいっぱいいるので。

そのほかの仕事とかでは、当然、出てくるけども、知的な面だって、大学で四年ぐらい勉強したってねえ、それから二十年も三十年も勉強した人から見れば、そらあ、敵《かな》うわけがないんですよ。

だから、いかに東大の英文科の学生の頭がいいからっていったってねえ、上智で三十年も四十年も英文学を教えた私から見たら、そらあ、私のほうが学力は上なのは決まってますよ。そんなの、負けるわけがないよねえ。

そういうことは当たり前のことなんだけども、なんか、みんな生まれつき決まっているように判定されたがっている気《け》があってね。その後の努力のところを十分に見ないよね。

だから、まあ、私、幸福の科学のことはよく知らないけども、大川総裁は、自分は東大を出ているかもしれないけども、学歴だけで全部判定なんかしてないでしょう？　おそらく。

里村　はい。

渡部昇一　実力があると見たら、ちゃんと認める方だし、女性も登用なされているから、たぶん、そうなんだろうと思うけどね。

いや、それは、「知的努力がしっかりと実を結ぶ」っていう、この「原因・結果の法則」を、ちゃんと自分でも実体験して、ご存じだからだと思いますよ。「努力したら、ちゃんと結果はついてくる」っていうのを知ってる。

10　他の学者は知らない〝魔法《まほう》の力〟を使っていた

「私も、魔法の力を少しは引いていた」

釈　先生は、よく、潜在意識《せんざいいしき》を使って、〝あらまほしき（理想的な）〟状態を描《えが》くことで、願望が実現すると説いておられましたが、知的な努力に加えて、その心の持ち方のヒントからも、ずいぶん勇気を頂きました。

渡部昇一　ヘッヘッヘッヘッヘッヘッヘッヘッへ（笑）。いやあ、それはちょっと〝忍《にん》術《じゅつ》〟のほうだからなあ（笑）。

里村　（笑）

渡部昇一　そっちは、本当の正統の学問ではない〝忍術〟で。
　渡部昇一の名前で（本を）出せないから、ほかの名前でね、大島《おおしま》（淳一《じゅんいち》）とかいう名前で、ダミーでマーフィーの翻訳《ほんやく》をしてる。実は、『知的生活の方法』より前に本は出ているんですよ。マーフィーの、潜在意識を使って『眠《ねむ》りながら成功する』のシリーズを最初に訳したのは、私なんですよ。それからあとは、ほかの人も訳してると思いますけど。

綾織　なるほど。

渡部昇一　まあ、大島の名前で出しているので分からないと思うけど、実は、あれでかなり力を得たところがあって。
　だから、その、何て言うか、インテリジェントなアチーブメントだけで一生を

●『眠りながら成功する』のシリーズ　渡部昇一氏は、若き日に「大島淳一」というペンネームで、潜在意識の法則を提唱したジョセフ・マーフィーの成功哲学を翻訳し、日本に紹介した。『あなたはこうして成功する―マーフィーの成功法則』など。

……。なんか、竹内靖雄《たけうちやすお》だとかいう人も、「学歴というのは入れ墨《ずみ》みたいなもので、日本社会では一生ついて回る」っていうようなことを言っているけども、やっぱり、マーフィーの考えで行けば、もう、「寝《ね》ているだけでも賢《かしこ》くなれる」っていうような話だから、〝魔法《まほう》〟だよね。だから、私も、〝魔法の力〟を少しは引いてきて。

里村　（笑）

渡部氏が「オカルト」と言った本意

渡部昇一　実際、そういうことだよね。魔法の、ちょっと、そちらのほう、裏の……、「オカルト」っていうのは、そちらのほうなんです。実を言うと、私が言っているオカルトっていうのはそちらで、そうした霊界《れいかい》の力だな。ある意味ではな。「潜在意識」という言い方はずるい言い方で、こう言うと、あんまり批判しにくいから使っているだけで、本当は「霊界の力」だよな。あなたがたが言う守護《しゅご》・指《し》導霊《どうれい》の力だよな、潜在意識っていうのは。

だから、寝ているうちに、守護・指導霊のインスピレーションを受ければ、いろんなアイデアや〝あれ〟が湧《わ》いてくる。そのためには、素直《すなお》な心になって、これを受け取ろうという気持ちで、祈《いの》りをしたり、瞑想《めいそう》したりして、そういう霊的な感受性の強い体質をつくると、インスピレーションをいっぱい受けるようになる。すると、エジソンがいろんな発明をしたように、自分も、学術上の発明・発見とか、あるいは、そういうオピニオンとかを、いろいろ思いついてくるようになる。

私は、「この力は大きいよ」という話を勉強して、翻訳したから、これを実生活にも生かしていて。ほかの人には見せないで、実際は実践《じっせん》していた。

上智《じょうち》の卒業生で、活躍《かつやく》した人がどれだけいますか？　まあ、細川《ほそかわ》（護熙《もりひろ》）元総理とかは、いちおう後輩《こうはい》に当たるわけだけど、あんまり出来がよくなかったんで、あまり言いたくはないかな。だから、活躍している人はそんなにいない。やっと、今、いろんな一流企業《きぎょう》にもちょっと進出できて、偉《えら》くなった人も出てきてはいると思うけども、ほとんど、そんなに行ってないでしょう?

だけど、私は、その潜在意識の力を利用する法、要するに、〝魔法〟だな。魔法使いに弟子《でし》入りしたので。その力が、〝チチンプイプイ〟が、ちょっと効いてた。〝粉をかける〟と、本がよく売れたりするわけですよ。

里村　(笑)

渡部昇一「学者の本なんていうのは、三千部もなかなか売れないものだけど、渡部が書いた本は五万部ぐらいは売れる」っていうような感じね。そのへんだよね。

11　渡部昇一氏の過去世《かこぜ》の秘密

死後、渡部氏のもとに現れたベンジャミン・フランクリンの霊《れい》

綾織　亡《な》くなられてから一日弱の間で、その潜在《せんざい》意識の部分で守護霊《しゅごれい》をされていた方や、以前の過去世《かこぜ》の方などには、お会いになりましたでしょうか。

渡部昇一　ああ、まあ、ベンジャミン・フランクリンさんは、もちろん来てたし（注。以前の霊査により、渡部昇一氏の過去世の一つはベンジャミン・フランクリンと推定されている。前掲《ぜんけい》『フランクリー・スピーキング』参照）。

里村　そうですか。

●ベンジャミン・フランクリン（1706～1790）　アメリカの政治家、外交官。フィラデルフィアにおいて印刷出版業で成功を収め、のちに政界へ進出した。また、アメリカ独立宣言の起草委員や憲法制定などに参加。建国の父の一人として讃《たた》えられている。また、科学者、哲学者としても多くの功績を残した。

渡部昇一　まあ、「努力論」の考え方のもとは、ここから出てはいると思うんだけども。大川先生も、そういういろんな「心の力」について、ずいぶん説いておられると思うので。

これは、アメリカにけっこう多かった。心の力で事業的な成功を収めた方はいっぱいいらっしゃるので。ノーマン・ビンセント・ピールとか、その前にも、いろんな人がいるわね。ナポレオン・ヒルとか、いろんな人がいるし、イギリスだって、アレンかな?

里村　はい。

渡部昇一　アレンさんとか、いっぱいいるでしょう?

そういう心の力の使い方が、一九〇〇年前後から、だいぶ発見されてはいた。

●ノーマン・ビンセント・ピール（1898～1993）　アメリカの牧師・著作家。ポジティブ・シンキング（積極思考）の創始者的存在であり、著書『積極的考え方の力』は全世界で2千万部の大ベストセラーとなった。

それは、こちらでも説いておられると思うし、現実にそれで成功した人たちもいっぱい出てはいるんだけど、日本人は、まだ、それをそんなに信じられないところがあってね。その考え方は、大東亜《だいとうあ》戦争の「精神だけで勝つ」みたいなのと一緒《いっしょ》になっちゃうと思って、戦後はすごく鳴りを潜《ひそ》めている部分が多かった。分析《ぶんせき》的で、そして、唯物論《ゆいぶつろん》的に客観性のあること、科学性のあることばっかり求めるようになって、心の世界から逃《に》げていった。

要するに、「戦前は、『食糧《しょくりょう》がなくても、武器がなくても、精神力で戦えば勝てるんだ』みたいな感じのことで間違《まちが》った」っていうのも、そうとうあるんだろうけど。まあ、実際の戦いでは、そういうところもあるけどね。兵站《へいたん》も必要だからね。だけど、ちょっと、そのへんを知っていたところが、ほかの学者との大きな違いだったかなと思います。

●ナポレオン・ヒル（1883〜1970）　アメリカの思想家。1908年、新聞記者として、鉄鋼王アンドリュー・カーネギーにインタビューをした際、「成功哲学の体系化」を依頼される。20年間で500人もの成功者を研究し、『思考は現実化する』を執筆、世界的ベストセラーとなった。

過去世《かこぜ》が在原業平《ありわらのなりひら》だと、大学教員としては具合が悪い？

綾織　●在原業平《ありわらのなりひら》という過去世《かこぜ》も明らかになっていますけれども、その方ともお話をされましたか。

渡部昇一　まあ、あれはね、何て言うか、大学の教員としては少し具合が悪いところがあって。

釈　隠《かく》された過去世のようなものは、お分かりになったりはしましたか。今まで明かされていない……。

渡部昇一　うーん、まだちょっと、時間的にはそこまで十分ではないんだけれども。まだ幾《いく》つかあるんだろうなとは思うが、ちょっと、上智《じょうち》大学の名誉《めいよ》教授ではある

●ジェームズ・アレン（1864 ～ 1912）　イギリスの作家。父親の事業の失敗と死により15歳で学校を退学し、製造工場等、さまざまな仕事をして家族を支えた。トルストイの書物に啓発され、38歳で執筆活動に専念。代表作である『「原因」と「結果」の法則』はロングセラーとなっている。

ので、あんまり言うと、カトリック的には、死んでから異端審問《いたんしんもん》されるといけないから（会場笑）、あんまり流暢《りゅうちょう》に語れるっていう感じではないけど。

まあ、アングロサクソン系にもご縁《えん》はあったが、日本神道《しんとう》のほうにもご縁はだいぶあったかなという感じは受けてますねえ。

綾織　なるほど。名前で、「この人がそうかな」と感じられるような方は、どなたでしょうか。

渡部昇一　だから、死んだあとに異端審問を受けると困るから、あんまりそういうことは……。

まあ、キリスト教が悪いんだけどね。これは変えなきゃいけないんだけど。クリスチャンも、みんな、それ（転生輪廻《てんしょうりんね》）を認めるようになればいいんだけど、それを認めると、なんか……。

●在原業平（825〜880）　平安時代前期の歌人、官吏。六歌仙・三十六歌仙の一人。歌風は情熱的で、『古今和歌集』をはじめとした勅撰集に多くの歌が収録されている。また、美しい容姿のため、後世、美男の代名詞とされた。『伊勢物語』の主人公のモデルともいわれる。

キリスト教では、そういうので、何て言うか、「偽《にせ》キリスト」みたいな感じの思想がけっこうあるからさあ。そういう、「偽キリストが生まれ変わってくる」みたいなあれがあるから、すごく用心するんだよな。

だから、「過去世が偉《えら》かった人が生まれ変わってきたということで騙《だま》して、人民が苦しむ」みたいな考え方はけっこうあるんでね。あんまりビッグネームは、実に困るわけよ。

在原業平っていう文学者でも、「国文学に造詣《ぞうけい》が深い」「和歌が詠《よ》める」っていうふうに取ってくれるなら、それでいいんだけど、「女好き」っていうようなところで取られると、大学教授としては実に具合が悪いものがあって。

綾織　（笑）まあ、在原業平はプレイボーイですね。

渡部昇一　例えば、「伊藤博文《いとうひろぶみ》が、箒《ほうき》で掃《は》いて捨てるほど女性を堪能《たんのう》していたが、釈さんの男性（の過去世）はそういうふうになっているのか」と言われたら、やっぱり、「それは、ちょっと今は困る」と。それで、「男性経験は千人ぐらいですけど」っていうことなら、女性党首としては週刊誌の猛攻《もうこう》を受けるから、これはちょっと困る。有名になるかもしれないけど、票は入らなくなるからねえ。

釈　（笑）魔法《まほう》につながる何かが魂《たましい》の経験におありなのかなと思ったんですけれども。そうした古い時代に。

渡部昇一　ああ、ずっと古いの？　うーん……、ずっと古いの、まずいじゃない。キリスト教以前まで行っちゃうじゃないか、それ。それはまずいから。

でも、日本神道にも、そういうのはあるんだよ。けっこう昔から、そういう思いの力、精神力をずいぶん言うでしょう？

里村　言霊《ことだま》も、そうですしね。

渡部昇一　うん。言霊もそうだし、言霊のことを強く訴《うった》えたのが、私の業績の一つかもしれないとは思う。「和歌の心」とかね、そういうところは言ったので、これは、私の業績の一つかとは思うけど。

まあ、それは、和歌というか、『万葉集《まんようしゅう》』とかがつくられるところあたりまで、日本神道の、私の魂のルーツがあるらしいということが分かりますけどね。

「八重洲《やえす》」のもとになったヤン・ヨーステンは過去世《かこぜ》か

綾織　ヤン・ヨーステンという方も明らかにされていますけれども、このへんは分かりますか。

渡部昇一　いや、私もあんまりよく知らないんだ。「八重洲《やえす》」のもとだとかいう

●ヤン・ヨーステン（不明〜1623）　オランダの航海士・貿易家。1600年、リーフデ号で豊後国（大分県）に漂着。同船していたウィリアム・アダムズ（三浦按針）らと共に徳川家康に仕えた。居宅があった八重洲（東京都中央区）の地名は、彼の日本名である耶揚子《やようす》に由来するとされる。

……。

綾織　はい、八重洲ですね。

渡部昇一　私は、あんまりよくは知らないんだけどな。

綾織　ああ、そうですか。

渡部昇一　そんなにはよくは知らないんだが、何をした人なんだかねえ？　八重洲を発見した人？　「八重洲ブックセンター」のもと？

綾織　日本とオランダ、イギリスの架《か》け橋となった人だと思うんですけれども。

渡部昇一　まあ、今のところ、まだちょっと、そのへんはよく確認できていないんだけど。
たぶん、『万葉集』あたりの歌人にはいるんじゃないかなあ、と。

綾織　そうですか。

釈　柿本人麻呂《かきのもとのひとまろ》とか、このあたり……。

渡部昇一　うーん、まあ、それには異論があるかもしれないが。それはちょっと、別途《べっと》、調べていただいたほうがいいかもしれないんですが。
まあ、柿本人麻呂も、ちょっといろいろ議論がある方で、あれなんですけど。
いや、これ、カトリックをやらなきゃよかった、ほんと。

アメリカ建国時代にいた人たちが、今、生まれ変わっている？

綾織　別の観点なのですけれども、渡部先生には、ベンジャミン・フランクリンの過去世《かこぜ》があるということを伺《うかが》っています。また、アメリカ大統領のトランプさんの過去世がジョージ・ワシントンということで、このあたりの、アメリカ建国の時代にいらっしゃったような方々は、今、地上に出てきている状態なんでしょうか。

渡部昇一　（アメリカは）歴史は浅いからねえ、まだねえ。ほんと、ほんのちょっと前だから、アメリカで二回目生まれ変わっていたら、まあ、いいほうでしょうから。何回も生まれ変わるほど歴史がないのでね。

そうねえ……。君らが「アメリカの建国史」をどこまで知っとるかは知らんが、アメリカ人にとっては、いろいろ、名前のある人はいっぱいいるんだけど、日本人にとって理解できるのは、もう、ほんの数名ぐらいしかいないんでねえ（笑）。

私には、その霊力《れいりょく》が十分にないので。死んで、今やっと、二十二、三時間になろうとしているところなので。

里村　そうですねえ。

渡部昇一　トランプさんの（過去世が）ジョージ・ワシントンかどうか、アメリカに飛んでいって調べるところまで、まだ時間的には行《い》っていないので。トランプさんの守護霊も、まだ私のところには訪ねてきてくれていないから。

今のところ、大川先生の話を信じるしかないんだけど、それについては追い追いに見聞《けんぶん》できるかなあとは思う。

綾織　はい。

渡部昇一　ただ、向こうは渡部昇一なんて知らないだろうなあ、たぶん。

渡部氏は「今年の夏には高天原《たかまがはら》に上がらないといけない」

里村　まだ帰天《きてん》されてまもなく、またお疲《つか》れであるにもかかわらず、いろいろとお話をお伺いしてまいりました。私のほうから、最後の質問をさせていただきます。

これもまた二十六年前の大川総裁の言葉ですが、『フランクリー・スピーキング』（前掲《ぜんけい》）のなかで、「ご専門である英語のほうに少し時間を取られたのではないか」「（そうでなければ）もっと幅広《はばひろ》い活躍《かつやく》ができたのではないか」というご指摘《してき》を、大川総裁が渡部先生にされて、渡部先生が苦笑《にがわら》いをされていたことが、かつてありました。

渡部先生ご自身は今、今世《こんぜ》を振《ふ》り返ってみて、ご自分の使命なり、生まれてきたミッションなり、そういうものが何だったのか、どのようにお考えでしょうか。まだ帰天されてから早いですけれども、それをお訊《き》きしたいと……。

渡部昇一　まあ、これから反省期に入るので……(笑)。

里村　いやいや。

渡部昇一　反省をどのくらいさせられるか、こちらが訊きたいぐらいでね。どのくらい生涯《しょうがい》反省をすればよいのか、プログラムがまだ来ていないので、分からないんだけど。四十九日《しじゅうくにち》で済むのかねえ？　もうちょっとかかるのかね？

綾織　いえ、(渡部先生は)かなり透明《とうめい》な心の方なので、大丈夫《だいじょうぶ》だと思います。

渡部昇一　ええ？　あなたねえ、すぐに高天原《たかまがはら》に行けると私は思っていませんよ。やっぱり、この世にかなり執着《しゅうちゃく》はあったので、すぐには行けないかなあ。とにかく、（私のところに）来た人の話によれば、「まだしばらくは（地上に）いられるんじゃないか」ということなので……。

うーん、そうだねえ。今は四月か。まあ、夏ぐらいには、もう上がらなくてはいけないとは思うけど、「しばらくは、地上の人たちに挨拶《あいさつ》したり、（地上を）見たりしていても構わない」とは言われている。この世を去るに当たって、ちょっと名残《なごり》を惜《お》しむ期間はあってもいいんだって。

もう桜は散ったけど、「若葉が出て真夏になるころには上がらないといかんかなあ」っていう言い方をされている。

今は、ちょっと日本が心配だから……。

里村　なるほど。はい。

渡部昇一　うん。国論が心配だし、「北朝鮮《きたちょうせん》問題」もねえ、今……。あと、アメリカとの〝あれ〟があるし。まあ、私には何もできはしないけどねえ。

里村　いえいえ。

12　日本の陽《ひ》は、また昇《のぼ》る

幸福の科学が言ってきたことの正しさが「八割は証明された」

渡部昇一　大川総裁が何か判断されるから、そういう方向でやられたらいいと思うけど。

でも、結果的に、君たちが言ってきたことは正しいということが、事実上、もう八割は証明されたんじゃないかなあ。十割までは行っていないけど、あの段階（二〇〇九年）で主張したこと（の正しさが）。

ＮＨＫは、「謎《なぞ》の飛翔体《ひしょうたい》が飛びました」と言ったり、そのあと、「人工衛星を打ち上げています」と言ったりしていたよねえ。

里村　はい。

渡部昇一　君たちは、「そんなことはない。これはミサイルです。（北朝鮮《きたちょうせん》は）核開《かくかい》発を進めているから、対応しなければまずいのです」と言ったのに、（国民は）民主党政権なんかつくって、三年も時間的に遠回りをしたりした。安倍《あべ》政権になってから（それへの対応を）やっていますけど、安倍政権も、今、かなり厳しいところまで来ていて、あとがもつかどうかは分からないので、（大川総裁に）「日本の精神的バックボーン」になってもらわないといかんと思います。

里村　はい。

オバマ前大統領とは違《ちが》い、トランプ大統領は〝やる人〟

渡部昇一　コリアにはコリアの言い分があるけど、南のほうは、大統領まで逮捕《たいほ》して、あんな状態だし、北のほうは、あの独裁者が、ほんとにもう……。
私の勘《かん》だけどねえ、トランプさんは（北朝鮮を）絶対に許さないと思う。「今年中に片《かた》をつける」という言い方がいいかどうか知らないけれども、「アメリカ・ファーストである」ということが、「アメリカの経済ファーストだけじゃなくて、軍事的にも国際政治的にも、アメリカ・ファーストだ」ということを実証してみせると思う。

里村　はい。

渡部昇一　まあ、私よりも、ほかの人、詳《くわ》しい人に訊《き》いたほうがいいんじゃないかとは思うけれども……。
安倍さんなどは、まだ、「外交で平和的に話し合って」とか言っていて、これはまだオバマさんの戦略の名残《なごり》だけど、そのオバマさんの戦略が、根本的にもう捨てられたと思う。

あの「シリアへの空爆《くうばく》」や「アフガンでの巨大爆弾投下《きょだいばくだんとうか》」を見るかぎり（注。米軍は、二〇一七年四月六日、シリア政権軍の空軍基地に対してミサイル攻撃《こうげき》を行《おこな》った。また、同年四月十三日には、アフガニスタンにおける「イスラム国」の支配地域に対して大型の爆弾を投下した）、トランプは〝やる人〟ですよ。絶対、やりますよ。抜《ぬ》いた刀で必ず斬《き》りますね。

だから、絶対にやるけど、どういうやり方をするか、今、詰《つ》めているところでしょう。

今日、（アメリカの）副大統領が（日本に）見えるのかな？

里村　はい。

渡部昇一　それが、たぶん、確認だと思いますよ（注。この収録が行われた日の昼に、アメリカのペンス副大統領が来日し、安倍首相等と会談した）。

里村　そうですね。はい。

渡部昇一　日本政府はイニシアチブ（主導権）を取れないから、たぶん、（アメリカは）作戦の内容までは教えてくれない。「通告はするから。そのときに、やれることはやってくれ。そのために、アメリカ軍を助けられるような法案を通したんだろう？　そういうバックアップをやってくれ」ということを、たぶん言うはずですが、作戦の内容については、漏《も》れるから、たぶん、日本政府には言わないだろうな。

北朝鮮《きたちょうせん》問題では「終戦記念日までに何らかの結果が出る」

渡部昇一　私の感触《かんしょく》から言えば、トランプさんは、中国にもプッシュして「やれ」と言っているけど、やるとは思っていないだろうから。それはいちおう大義名分《たいぎめいぶん》だろう。「中国に『解決しろ』と言ったよ。しかし、動かなかったので、われわれでやった」という言い訳づくりのために、ちょっとだけ時間を置いていると思うけど、まあ、終戦記念日ぐらいまでには、何らかの結果は出ているんじゃないかねえ。

だって、（北朝鮮《きたちょうせん》が）アメリカに勝てるわけがないじゃないの。

でも、日本は偉《えら》いよ。アメリカと四年近く戦ったんだから、すごいよ。航空母艦《ぼかん》決戦だよ？　こんな史上最大の決戦をやったんだ。今、それができるところなんか、ないよ。

中国が空母「遼寧《りょうねい》」を出したとか言っても、そんなの、ロシアのポンコツ船をつくり直したもので、日本より七十年以上も遅《おく》れているよ。日本なんか、今から八十年近い昔に、アメリカと航空母艦決戦をやったんだよ。

だから、北朝鮮なんかねえ、（日本が）本気を出したら、八十年前ぐらいの日本軍と戦ったって勝てないよ。勝てるわけがない。

（米軍は）まずは核基地、核ミサイルのサイト（場所）としてつかんでいる所に対して一斉《いっせい》攻撃をするだろうねえ。
それから、「指揮命令系統の分断」は当然やるべきことだから、命令を出せる人の所在をつかんで、そこに攻撃をかけるだろうねえ。そしたら、移動式ミサイルがあっても、命令する人がいなくなったら、それを撃《う》てない。
今は、たぶん、「そのあとの片付けをどうするか」ということを話しているところだと思います。

綾織　なるほど。

渡部昇一　あとは、韓国《かんこく》軍出動か、中国軍出動か……。
占領《せんりょう》されてしまったら、領土にされてしまう可能性もあるけど、（韓国には）米軍が二万五千人ぐらいしかいないから、これでは占領するには足りない。日本の自衛隊は使えるのか、使えないのか、このへんについて、ちょっと話をしなくてはいけないところだねえ。

綾織　なるほど。ありがとうございます。朝鮮半島にも責任を担《にな》えるように私たちも頑張《がんば》ってまいります。

幸福実現党の十年後

渡部昇一　いやあ、まあ、もうすぐ「君らの時代は来る」から。（釈に）がっかりしているだろうけど、まだ若い。もうちょっと行けるよ。

釈　ありがとうございます！

渡部昇一　テレビにあまり出られなくなったら、ちょっと考えたほうがいいけど、まだ行けるからさあ。

まだ政権入りできないので、残念、無念だろうけど、たぶん、今年は政府もマスコミも反省しなくてはいけない年になって、「幸福実現党、幸福の科学に対して、足を向けて寝《ね》られない」って、たぶん言うようになるとは思うので。

私の考えるところでは、「あと十年頑張れば、公明党ぐらいの戦力は持てるのではないか」と思う。そのくらいの政治勢力になれるし、向こう（公明党）のほうは衰退《すいたい》していくだろう。

（向こうには）基本的に「思想がない」もんな。「政治思想がない」ので、中間（の意見）ばかりを言うしかない。

それと、言論力では幸福の科学のほうがはっきり上なので、幸福の科学の影響力《えいきょうりょく》のほうがはるかに大きい。

聖教《せいきょう》新聞なんか、読んでいる人はいないんですよ。だから、ゼロです。引用されることもないから。それに関しては（幸福の科学が）圧倒《あっとう》的に強い。

いやあ、これからあとは大川先生にお任せして……。あと、（大川総裁の）ご子息にも優秀《ゆうしゅう》な方がだいぶいらっしゃるようだから、日本は二十一世紀においては十分に護《まも》られるんじゃないかな。大丈夫《だいじょうぶ》。たぶん、もう一回、日本の陽《ひ》が昇《のぼ》るんじゃないかねえ。

綾織　ありがとうございます。

支援霊団《しえんれいだん》の一人として折々に話を

里村　そのためにも、渡部先生には、ぜひ、支援霊団《しえんれいだん》のお一人として……。

渡部昇一　もうちょっと勉強してからね。「英語ばっかり勉強して、よかったのか」という……。

里村　いやいや、とんでもございません。

渡部昇一　あのねえ、職に就《つ》くためには、しかたがないでしょう。言論人として一流になれない場合には、とにかく、語学教師でも何でもいいから専門を持って、飯《めし》が食えるところまで行かないと、結婚《けっこん》もできないからねえ。

里村　いえ、足場を築いて幅広《はばひろ》い活躍《かつやく》をされたことは、結果的に証明されております。

釈　「素晴《すば》らしいご生涯《しょうがい》だった」と本当に思います。

渡部昇一　昔、（大川総裁に）対談していただいたとき、「死んだら、幸福の科学の指導霊団入りをお願いします」というようなことを言われたのを覚えているので……。

綾織　はい。ぜひ、よろしくお願いいたします（笑）。

渡部昇一　うん。ちょっと勉強をしたらね。勉強したあとなら、折々に訊いてくれれば、また言えることもあると思う。

綾織　ありがとうございます。はい。ぜひ、お願いいたします。

「死後の世界の証明のお役に立てたら、うれしい」

渡部昇一　いやあ、今日は〝明るい葬式《そうしき》〟をやってくれて、ありがとう！

里村　いえ、とんでもございません。

渡部昇一　もうこれで〝葬式〟が終わったから、君らは、わざわざ香典《こうでん》を置きに来なくてもいいよ。

綾織　（笑）いえいえ、とんでもないことです。

渡部昇一　もう十分だから。これ以上の葬式はないから。明るく、「天上界《てんじょうかい》に還《かえ》ろうとしている渡部昇一氏を偲《しの》ぶ会」を、今日やっていただいたので、もう十分。

綾織　ありがとうございます。

渡部昇一　これで数多くの証人を日本国中に持つことになるから。「死後の世界があって、魂《たましい》があって、人間は生き通しだ」っていうことの証明のお役に立てたら、うれしいかな。

綾織　ご挨拶《あいさつ》をさせていただきまして、本当にありがとうございます。

釈　ありがとうございました。

里村　これからも、よろしくお願いいたします。ありがとうございました。

渡部昇一　ありがとう。

13　戦後日本で活躍《かつやく》した渡部昇一氏の霊言《れいげん》を終えて

大川隆法　（手を二回叩《たた》く）お元気でよかったですね。

里村　はい。

大川隆法　少し予定より早い感じで、残念は残念です。八六・五歳《さい》ぐらいですか。もう少し頑張《がんば》っていただきたかったかな。九十代まで頑張っていただきたかったけれども、大きな目で見ると、もう四十五年以上も活躍《かつやく》されたのだろうから、「いい仕事はなされたのかなあ」とは思います。

里村　はい。

大川隆法　重圧ですけれども、「こちらが頑張らないといけない。次の柱にならなくてはいけない」と思っているので、「使命を果たしていきたい」と思ってはおります。

そうは言っても、沈黙《ちんもく》しているように見えて、うち（幸福の科学）が言っていることは、いろいろなところに浸透《しんとう》しているのではないでしょうか。

渡部昇一先生が評論家として左翼《さよく》を攻撃《こうげき》したら、反論がたくさん来ていたのですが、私と対談したあたりから攻撃されなくなって、だんだん保守の重鎮《じゅうちん》になっていかれました。

私が何かを言っても、反応はほとんど出ないことが多いのですが、「反論できるようなものではない」というところもあって、今は、「どの程度、影響《えいきょう》を受けるか」というぐらいのレベルになっているのかもしれませんね。

まあ、その抵抗《ていこう》することにも限界はあるでしょうから、どこかで認められるときもあると思うので、やれるところから順番に攻《せ》めていけばいいでしょう。安倍《あべ》政権のあとについて、自民党はもう戦略を描《えが》けないでいるのでしょう。

綾織　そうですね。

大川隆法　うちが（意見等を）出せば、それに追随《ついずい》するだけなのでしょう。「ポスト安倍は安倍です」という感じでやっていますので（笑）。当会から出るものが「次の日本の設計図」でしょうから、それについては、まだ、もうしばらくは責任を持てるのではないかと思っています。渡部先生、今後もよろしくお願いします。ありがとうございました。

質問者一同　ありがとうございました。

あとがき

リベラル派の論客、丸山眞男《まるやままさお》のお弟子さんだらけの東大法学部にあっては、政治学者になれないことを、私が悟ったのは、学生時代に渡部昇一先生のご著書を読んでいたことも大きかっただろう。

東大政治学科の卒業生で、丸山眞男――あの安保反対運動の理論的主柱《しゅちゅう》になった男――を徹底的に批判したのは、おそらく私だろう。そしてこの政治学的原点が、宗教封じ込め路線のマスコミ論調とも激しくぶつかることになるのも、理の当然であったろう。私の宗教再興運動は、同時に、新しい保守主義に光をあてることでもあった。

渡部昇一先生は、言論界においては、バプテスマのヨハネ的先駆者《せんくしゃ》であられた。どうか、もう一度、日本の陽を昇らせるために、今後とも、天上界からもご指南《しなん》下さるよう、お願いする次第《しだい》である。

二〇一七年　四月十九日

幸福《こうふく》の科学《かがく》グループ創始者兼総裁《そうししゃけんそうさい》　大川隆法《おおかわりゅうほう》

『渡部昇一　日本への申し送り事項　死後21時間、復活のメッセージ』
大川隆法著作関連書籍

『渡部昇一流・潜在意識成功法』（幸福の科学出版刊）
『フランクリー・スピーキング』（同右）
『竹村健一・逆転の成功術』（同右）
『外交評論家・岡崎久彦　――後世に贈る言葉――』（同右）
『日下公人のスピリチュアル・メッセージ』（同右）
『幸福実現党に申し上げる――谷沢永一の霊言――』（幸福実現党刊）

※左記は書店では取り扱っておりません。最寄りの精舎・支部・拠点までお問い合わせください。
『大川隆法霊言全集　第10巻　エジソンの霊言／リンカンの霊言／ガンジーの霊言』
（宗教法人幸福の科学刊）

渡部昇一《わたなべしょういち》 日本《にほん》への申《もう》し送《おく》り事項《じこう》
死後《しご》21時間《じかん》、復活《ふっかつ》のメッセージ

2017年4月20日 初版第1刷
2017年5月17日 第2刷

著 者 大《おお》川《かわ》隆《りゅう》法《ほう》

発行所 幸福の科学出版株式会社
〒107-0052 東京都港区赤坂2丁目10番14号
TEL(03)5573-7700
http://www.irhpress.co.jp/

印刷・製本 株式会社 研文社

落丁・乱丁本はおとりかえいたします

ISBN978-4-86395-902-6 C0030

大川隆法霊言シリーズ・保守の評論家・言論人に訊く

渡部昇一流・潜在意識成功法

「どうしたら英語ができるようになるのか」とともに

英語学の大家にして希代の評論家・渡部昇一氏の守護霊が語った「人生成功」と「英語上達」のポイント。「知的自己実現」の真髄がここにある。

1,600円

竹村健一・逆転の成功術

元祖『電波怪獣』の本心独走

人気をつかむ方法から、今後の国際情勢の読み方まで――。テレビ全盛時代を駆け抜けた評論家・竹村健一氏の守護霊に訊く。

1,400円

日下公人のスピリチュアル・メッセージ

現代のフランシス・ベーコンの知恵

「知は力なり」――。保守派の評論家・日下公人氏の守護霊が、今、日本が抱える難問を鋭く分析し、日本再生の秘訣を語る。

1,400円

※表示価格は本体価格（税別）です。

大川隆法霊言シリーズ・保守の評論家・言論人に訊く

外交評論家・岡崎久彦
—後世に贈る言葉—

帰天後3週間、天上界からのメッセージ。中国崩壊のシナリオ、日米関係と日ロ外交など、日本の自由を守るために伝えておきたい「外交の指針」を語る。

1,400円

幸福実現党に申し上げる
谷沢永一の霊言

保守回帰の原動力となった幸福実現党の正論の意義を、評論家・谷沢永一氏が天上界から痛快に語る。驚愕の過去世も明らかに。【幸福実現党刊】

1,400円

小室直樹の大予言
2015年 中華帝国の崩壊

世界征服か? 内部崩壊か? 孤高の国際政治学者・小室直樹氏が、習近平氏の国家戦略と中国の矛盾を分析。日本に国防の秘策を授ける。

1,400円

大川隆法ベストセラーズ・知的生活のすすめ

大川総裁の読書力

知的自己実現メソッド

区立図書館レベルの蔵書、時速二千ページを超える読書スピード——。千三百冊（二〇一三年時点）を超える著作を生み出した驚異の知的生活とは。

1,400円

英語が開く「人生論」「仕事論」

知的幸福実現論

あなたの英語力が、この国の未来を救う——。国際的な視野と交渉力を身につけ、あなたの英語力を飛躍的にアップさせる秘訣が満載。

1,400円

フランクリー・スピーキング

世界新秩序の見取り図を語る

大川隆法のインタビュー＆対談集。渡部昇一氏との対談、海外一流誌などのインタビューを収録。宗教界の最高峰「幸福の科学」の魅力が分かる格好の書。

1,456円

※表示価格は本体価格（税別）です。

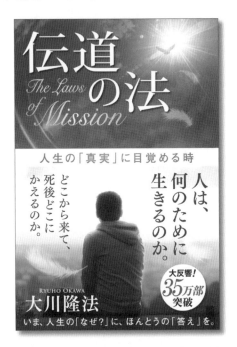

運命を変える、
もうひとつの世界。
君のまなざし
製作総指揮・原案／大川隆法
梅崎快人 水月ゆうこ 大川宏洋 手塚理美 黒沢年雄 黒田アーサー 日向丈 長谷川奈央 合香美希 春宮みずき
（特別出演）
監督／赤羽博 総合プロデューサー・脚本／大川宏洋 音楽／水澤有一 製作・企画／ニュースター・プロダクション 制作プロダクション／ジャンゴフィルム
配給／日活 配給協力／東京テアトル ©2017 NEW STAR PRODUCTION
5.20(土) ROADSHOW
G

幸福の科学グループのご案内

宗教、教育、政治、出版などの活動を通じて、地球的ユートピアの実現を目指しています。

幸福の科学

一九八六年に立宗。信仰の対象は、地球系霊団の最高大霊、主エル・カンターレ。世界百カ国以上の国々に信者を持ち、全人類救済という尊い使命のもと、信者は、「愛」と「悟り」と「ユートピア建設」の教えの実践、伝道に励んでいます。

（二〇一七年四月現在）

愛

幸福の科学の「愛」とは、与える愛です。これは、仏教の慈悲《じひ》や布施《ふせ》の精神と同じことです。信者は、仏法真理をお伝えすることを通して、多くの方に幸福な人生を送っていただくための活動に励んでいます。

悟り

「悟り」とは、自らが仏の子であることを知るということです。教学《きょうがく》や精神統一によって心を磨き、智慧《ちえ》を得て悩みを解決すると共に、天使・菩薩《ぼさつ》の境地を目指し、より多くの人を救える力を身につけていきます。

ユートピア建設

私たち人間は、地上に理想世界を建設するという尊い使命を持って生まれてきています。社会の悪を押しとどめ、善を推し進めるために、信者はさまざまな活動に積極的に参加しています。

国内外の世界で貧困や災害、心の病で苦しんでいる人々に対しては、現地メンバーや支援団体と連携して、物心両面にわたり、あらゆる手段で手を差し伸べています。

年間約３万人の自殺者を減らすため、全国各地で街頭キャンペーンを展開しています。

公式サイト **www.withyou-hs.net**

ヘレン・ケラーを理想として活動する、ハンディキャップを持つ方とボランティアの会です。視聴覚障害者、肢体不自由な方々に仏法真理を学んでいただくための、さまざまなサポートをしています。

公式サイト **www.helen-hs.net**

INFORMATION

お近くの精舎・支部・拠点など、お問い合わせは、こちらまで！

幸福の科学サービスセンター

TEL. **03-5793-1727**（受付時間 火〜金：10〜20時／土・日・祝日：10〜18時）

幸福の科学 公式サイト **happy-science.jp**

ハッピー・サイエンス・ユニバーシティ

教育

Happy Science University

ハッピー・サイエンス・ユニバーシティとは

ハッピー・サイエンス・ユニバーシティ（HSU）は、大川隆法総裁が設立された「現代の松下村塾」であり、「日本発の本格私学」です。

建学の精神として「幸福の探究と新文明の創造」を掲げ、チャレンジ精神にあふれ、新時代を切り拓く人材の輩出を目指します。

学部のご案内

人間幸福学部

人間学を学び、新時代を切り拓くリーダーとなる

経営成功学部

企業や国家の繁栄を実現する、起業家精神あふれる人材となる

未来産業学部

新文明の源流を創造するチャレンジャーとなる

HSU長生キャンパス
〒299-4325
千葉県長生郡長生村一松丙 4427-1
TEL 0475-32-7770

未来創造学部

時代を変え、未来を創る主役となる

政治家やジャーナリスト、ライター、俳優・タレントなどのスター、映画監督・脚本家などのクリエーター人材を育てます。4年制と短期特進課程があります。

・4年制
1年次は長生キャンパスで授業を行い、2年次以降は東京キャンパスで授業を行います。

・短期特進課程（2年制）
1年次・2年次ともに東京キャンパスで授業を行います。

HSU未来創造・東京キャンパス
〒136-0076
東京都江東区南砂2-6-5
TEL 03-3699-7707

幸福の科学グループの教育・人材養成事業

学校法人 幸福の科学学園

学校法人 幸福の科学学園は、幸福の科学の教育理念のもとにつくられた教育機関です。人間にとって最も大切な宗教教育の導入を通じて精神性を高めながら、ユートピア建設に貢献する人材輩出を目指しています。

幸福の科学学園

中学校・高等学校（那須本校）
2010年4月開校・栃木県那須郡（男女共学・全寮制）
TEL **0287-75-7777**
公式サイト **happy-science.ac.jp**

関西中学校・高等学校（関西校）
2013年4月開校・滋賀県大津市（男女共学・寮及び通学）
TEL **077-573-7774**
公式サイト **kansai.happy-science.ac.jp**

仏法真理塾「サクセスNo.1」 TEL **03-5750-0747**（東京本校）
小・中・高校生が、信仰教育を基礎にしながら、「勉強も『心の修行』」と考えて学んでいます。

不登校児支援スクール「ネバー・マインド」 TEL **03-5750-1741**
心の面からのアプローチを重視して、不登校の子供たちを支援しています。
また、障害児支援の**「ユー・アー・エンゼル！」運動**も行っています。

エンゼルプランV TEL **03-5750-0757**
幼少時からの心の教育を大切にして、信仰をベースにした幼児教育を行っています。

シニア・プラン21 TEL **03-6384-0778**
希望に満ちた生涯現役人生のために、年齢を問わず、多くの方が学んでいます。

NPO 活動支援

いじめから子供を守ろうネットワーク

学校からのいじめ追放を目指し、さまざまな社会提言をしています。また、各地でのシンポジウムや学校への啓発ポスター掲示等に取り組む一般財団法人「いじめから子供を守ろうネットワーク」を支援しています。

公式サイト **mamoro.org**
相談窓口 **TEL.03-5719-2170**
ブログ **blog.mamoro.org**

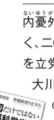

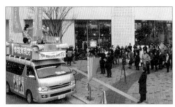

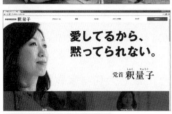

出版
メディア
事業

幸福の科学出版

大川隆法総裁の仏法真理の書を中心に、ビジネス、自己啓発、小説など、さまざまなジャンルの書籍・雑誌を出版しています。他にも、映画事業、文学・学術発展のための振興事業、テレビ・ラジオ番組の提供など、幸福の科学文化を広げる事業を行っています。

アー・ユー・ハッピー？
are-you-happy.com

ザ・リバティ
the-liberty.com

幸福の科学出版
TEL **03-5573-7700**
公式サイト **irhpress.co.jp**

THE FACT

ザ・ファクト
マスコミが報道しない「事実」を世界に伝えるネット・オピニオン番組

Youtubeにて
随時好評配信中！

ザ・ファクト　検索

ニュースター・プロダクション

NEW STAR
PRODUCTION

ニュースター・プロダクション（株）は、新時代の“美しさ”を創造する芸能プロダクションです。2016年3月には、映画「天使に“アイム・ファイン”」を公開。2017年5月には、ニュースター・プロダクション企画の映画「君のまなざし」を公開します。

公式サイト **newstarpro.co.jp**

幸福の科学　入会のご案内

あなたも、ほんとうの幸福を
見つけてみませんか？

幸福の科学では、大川隆法総裁が説く仏法真理をもとに、
「どうすれば幸福になれるのか、また、
他の人を幸福にできるのか」を学び、実践しています。

入会

大川隆法総裁の教えを信じ、学ぼうとする方なら、どなたでも入会できます。入会された方には、『入会版「正心法語」』が授与されます。（入会の奉納は1,000円目安です）

ネットでも**入会**できます。詳しくは、下記URLへ。
happy-science.jp/joinus

三帰《さんき》誓願《せいがん》

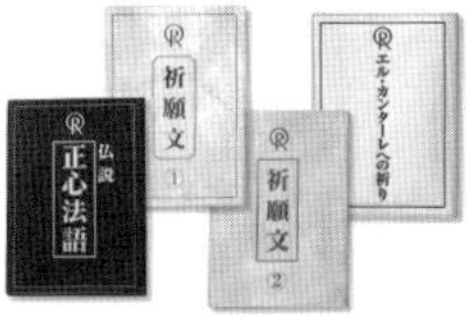

仏弟子としてさらに信仰を深めたい方は、仏・法・僧の三宝への帰依を誓う「三帰誓願式」を受けることができます。三帰誓願者には、『仏説・正心法語』『祈願文①』『祈願文②』『エル・カンターレへの祈り』が授与されます。

植福《しょくふく》の会

植福は、ユートピア建設のために、自分の富を差し出す尊い布施の行為です。布施の機会として、毎月1口1,000円からお申込みいただける、「植福の会」がございます。

ご希望の方には、幸福の科学の小冊子（毎月1回）をお送りいたします。詳しくは、下記の電話番号までお問い合わせください。

月刊「幸福の科学」　ザ・伝道　ヤング・ブッダ　ヘルメス・エンゼルズ　What's 幸福の科学

INFORMATION	幸福の科学サービスセンター TEL. 03-5793-1727（受付時間 火～金：10～20時／土・日・祝日：10～18時） 幸福の科学 公式サイト happy-science.jp